Max Thürkauf
Franziskus im Atomzeitalter

Man kann atmen, ohne an die Luft zu denken —
aber nicht ohne sie;
Man kann denken, ohne an den Verstand zu denken —
aber nicht ohne ihn;
Man kann leben, ohne an den Urquell des Lebens
zu denken — aber nicht ohne ihn.
«In ihm leben wir, bewegen wir uns und sind wir»
(Paulus, Apg 17, 28).

VIA·VERITAS·VITA

Max Thürkauf

14,–

MAX THÜRKAUF

Franziskus im Atomzeitalter

Die alte Liebe rettet die neue Welt

Mit einem Nachwort
von P. Eugen Mederlet OFM

CHRISTIANA-VERLAG STEIN AM RHEIN

Max Thürkauf, geb. 1925, ist Dr. phil. und Professor für physikalische Chemie an der Universität Basel. Während mehr als zehn Jahren war er auf dem Gebiet der Atomenergiegewinnung in Forschung und Industrie tätig. Für Arbeiten, die im Bereich der Isotopentrennung und der Massenspektroskopie lagen, wurde ihm 1963 für die Herstellung von schwerem Sauerstoff der RUZICKA-Preis verliehen. Weitere Arbeitsgebiete im Umfeld der physikalischen Chemie waren die Elektronenmikroskopie grosser Moleküle sowie chemische Thermodynamik und Reaktionskinetik. Heute umfasst seine akademische Forschungs- und Lehrtätigkeit erkenntnis-theoretische, philosophische und religiöse Fragen der modernen Naturwissenschaft.

Bildlegenden und Photonachweis:

Erste Umschlagseite: Franziskus, der Spielmann Gottes. Zeichnung von Ernst Alt, Saarbrücken. Kommentar des Künstlers: «Franziskus spielt mit dem Rest der Schöpfung Viola d'amore.»
Seite 2: Porträtaufnahme des Autors. Photo Natter, Basel.
Vierte Umschlagseite: Blaumeise, Photo Reinhard, Engadin Press AG, Samedan.

1. Auflage 1985: 1.-10. Tausend

Druck: Buch- und Offsetdruck Rheintalische Volkszeitung AG,
CH-9450 Altstätten/St.Gallen

Printed in Switzerland
ISBN 3-7171-0875-1

Mit Inge
Carlo Carretto gewidmet
dem Kleinen Bruder
der Grossen Hoffnung

Der Sonnengesang des heiligen Franziskus

Du höchster, allmächtiger, guter Herr,
Dein ist der Lobpreis und Ruhm,
die Ehre und jeglicher Segen.
Dir allein, Höchster, gebühren sie.
Und keiner der Menschen ist wert,
Dich im Munde zu führen.

Sei gelobt, mein Herr,
mit all Deinen Kreaturen.
Sonderlich mit der hohen Frau,
unserer Schwester,
der Sonne,
die den Tag macht
und mit ihrem Licht uns leuchtet.
Wie schön in den Höhn
und prächtig im mächtigen Glanze
bedeutet sie, Herrlicher,
Dich!

Sei gelobt, mein Herr,
durch Bruder Mond
und die Sterne,
die Du am Himmel geformt
in köstlich funkelnder Ferne.

*Sei gelobt, mein Herr,
durch Bruder Wind,
durch Luft und Gewölk
und heiteres und jegliches Wetter,
wodurch Du belebst die Kreaturen,
dass sie sind.*

*Sei gelobt, mein Herr,
durch Bruder Wasser,
der so nützlich ist,
gering
und köstlich
und keusch.*

*Sei gelobt, mein Herr,
durch Bruder Feuer,
durch den Du erleuchtest die Nacht.
Sein Sprühn
ist kühn,
heiter ist er,
schön
und gewaltig stark.*

*Sei gelobt, mein Herr,
durch unsere Schwester
Mutter Erde,
die uns versorgt und nährt
und zeitigt alle Früchte
und farbige Blumen
und Gras.*

Sei gelobt, mein Herr,
durch jene, die verzeihen
aus Liebe zu Dir
und Elend tragen und Mühsal.
Selig jene,
die dulden im Frieden,
weil sie von Dir, o Höchster,
die Krone empfangen.

Sei gelobt, mein Herr,
durch unsern Bruder
Tod des Leibes,
dem kein Lebender entrinnen kann.
Weh, ach, denen,
die sterben in Todessünden.

Selig jene, die sich gefunden
in Deinem heiligsten Willen,
denn ihnen kann der zweite Tod nicht an.
Lobet und preiset meinen Herrn
voll Dankbarkeit
und dienet ihm
in aller Demut.

Übersetzung von Joseph Bernhart

Vorwort

Das Atomzeitalter ist die Zeit der Fern- und Nahrohre, der Teleskope und der Mikroskope. Und viele andere Skope tanzen mit im Reigen der Rohre. Die Wissenschaft hat der geistigen Welt ihren Stempel aufgedrückt, auf dem Ziffern stehen. Selbst die Vererbung soll nichts anderes als eine Stempelung sein — eine Reproduktion. «Nichts anderes als» ist die Stempelmarke des Materialismus.
In Königsberg wurde sie geprägt.
Immanuel Kant stempelte damit seine «Kritik der reinen Vernunft». «Das Ding an sich» wurde in der modernen Naturwissenschaft zum «Un-Ding an sich» — zum Atom.
Da die Menschen nicht leben können, ohne an etwas zu glauben, glauben sie, dass sie nicht glauben und glauben an die Wissenschaft. Statt an Gott, glauben sie an das Unglaubliche: an die Machbarkeit aller Dinge.
Um ihre Gläubigen nicht zu enttäuschen, sieht sich die moderne Wissenschaft gezwungen, auch das Nichtmachbare für machbar zu erklären: das Leben.
Das Fach, in dem die nichtmachbare Machbarkeit angeboten wird, heisst Molekularbiologie.
Es ist ein sehr kostspieliges Fach, das Schulden macht, die es vermutlich nie zu bezahlen vermag.
Da die Wissenschaftsgläubigen nur das glauben, was sie sehen, kommt die Wissenschaft zusehends in jenen Beweisnotstand, der ihr demnächst zum Verhängnis werden wird. Denn: Treue kann man nicht sehen, so dass sie für die Wissenschaftsgläubigen nicht existiert. Die Treuelosigkeit wird für die Wissenschaft in den kommenden Jahren die gleichen Folgen haben wie für die Kirche die sogenannte Aufklärung. So wie die Treuelosen wegen der Fehler der Vertreter der Kirche die Kirche abgelehnt haben, werden sie mit derselben Unlogik die Wissenschaft ablehnen wegen der Fehler der Vertreter der Wissenschaft. Und diese Fehler sind keine Kleinigkeit: Die Erfindungen — wie die Fehler heute noch genannt werden — bedrohen die ganze Schöpfung. Also das Leben, das eben diese Wissenschaft für machbar vorgibt.

Die Fehler der Vertreter der Kirche beruhen auf derselben Sünde wie die Fehler der Vertreter der Wissenschaft: auf dem Hochmut.
Die alte erste Sünde: Sein wollen wie Gott.
Die Herzen der Menschen haben die Form ihres Geisteslebens angenommen; sie sind eng geworden: röhrenförmig.
Die Erde wird immer enger.
Ein Rohrherzenland.
Das Atomzeitalter misst die Zeit mit Atomen — eng und scharf.
Wir haben viele Uhren und wenig Zeit.
Die vielen Richtigkeiten der Wissenschaft haben die Wahrheit verschüttet: Gott.
Richtigkeiten sind für die Wahrheit notwendig — aber nicht hinreichend. Es gibt Richtigkeiten, die nicht wahr sind.
Die moderne Wissenschaft ist voll davon.
Weil Gott Wahrheit und Liebe ist, sind alle jene Richtigkeiten, denen die Liebe fehlt, nicht wahr. Die vielen richtigen Rechnungen, die zur Herstellung der Atombombe gemacht wurden, sind unwahr, weil die Atombombe das Liebeloseste ist, das die Wissenschaft je hervorgebracht hat. Sie sind Lüge. Die Mathematik ist eine Sprache, mit der man auch lügen kann.
Im Land der Rohrherzen herrscht Herzensnot.
Grosse Köpfe sitzen auf engen Rohren.
Nur die Wahrheit kann richtige Rechnungen wahr machen. Die Wahrheit hat Zeit. Sie veraltet nicht, weil Gott nicht alt wird.
In diesem Buch ist von der Wahrheit die Rede, die der heilige Franziskus in die Welt gebracht hat.
In der Gottesstadt Assisi.
Von der Wahrheit, die die brave neue Welt aus der Enge der Rohrherzen retten wird.
Mit der Armut und der Gewaltlosigkeit des heiligen Franz: dem Bündnis mit dem Reichtum und der Allmacht Gottes.
Die Armut des Reichtums der Technokraten kann nur mit dem Reichtum der Armut des heiligen Franziskus überwunden werden.
Mit dem Reichtum des Christentums: Wer gibt, dem wird gegeben werden.
Entscheidend ist nicht, was wir geben. Entscheidend ist, was wir behalten. Mitnehmen können wir nur, was wir verschenkt haben.

Diese Botschaft zu verkünden ist Vater Franziskus mit seinen Söhnen Antonius und Leone ins Rohrherzenland gekommen.
Öffnet dem Besuch euere Herzen!
Kommt und hört!

Sei gelobt, mein Herr,
mit all Deinen Kreaturen.
Sonderlich mit der hohen Frau,
unserer Schwester,
der Sonne,
die den Tag macht
und mit ihrem Licht uns leuchtet.

Frater Leone, du Löwe Gottes — komm mit! Ja, ich weiss, es ist schwer. Alles ist schwerer geworden.
Wie kurz war doch die Zeit, da wir vor bald achthundert Jahren auf unseren Eselchen — so haben wir unsere Körper genannt, weisst du noch? — über die Mutter Erde gewandert sind.
Von Dorf zu Dorf.
Von Stadt zu Stadt, sogar nach Rom zum Herrn Papst. Auch übers Meer zum Herrn Sultan ins Morgenland. Alles Kreuzwege, wie wir es gewollt haben.
Schwere Wege.
Jetzt wandern wir durch die Herzen der Menschen. Schon damals, im Fleisch — auf unseren Eselchen — war die Welt weit und beschwerlich. Mit Fernen, blau wie das Meer auf unserer Fahrt ins Heilige Land. Aber viel, viel weiter noch sind die Fernen in den Herzen der Menschen; diese Länder der Sehnsucht, die wir schon Jahrhunderte durchwandern.
In Päpsten und in Gottesleugnern, in Königen und in Bettlern. Liebliche Gärten und grüne Auen wechseln mit gleissenden Wüsten und mit Schluchten, finsterer als unsere Höhlen auf dem Berg Alverna.
Jetzt wird es ganz schwer, Gotteslöwe.
Komm mit, Frater Leone!
Hilf mir, das Kreuz christuswärts zu tragen!
Ich weiss, viele, viele Herzen sind eng geworden.
Wir müssen lange wandern, um ein grosses Herz zu finden.
Das kommt vom Glauben an die Wissenschaft.

Grossherzige Menschen glauben an Gott; sie brauchen Herzen, die so gross sind wie die ganze Welt.
Weil Gott darin wohnt.
Du schweigst, Frater Leone? Wir müssen diesen schweren Weg gehen. Der Herr hat uns in diese Wüsten geschickt, in die engsten aller Herzen.
In die Herzen der Wissenschaftler, die mit ihrer Wissenschaft Gott leugnen — den Vater verleugnen. Die Hochmütigen und Stolzen, die in ihrer Eitelkeit keinen Vater haben wollen. Am liebsten würden sie sich in ihren Retorten selbst machen. Stell dir vor, du Gotteslöwelein, wenn sie der Vater damit strafen würde, dass ihnen das gelänge. Aber so hart ist Gott nicht. Er ist barmherzig. Deshalb hat er uns auf die Reise durch die engen Herzen geschickt, sie zu umarmen, dass sie weit und voller Liebe werden.
Seit Bruder Kopernikus, Bruder Galilei und Bruder Kepler unserer Schwester, der hohen Frau Sonne, einen festen Platz am Himmel gegeben haben, begannen sich die Herzen der Menschen zu drehen, wie die Erde, auf der sie leben. Nach wie vor sehen sie mit den Augen die Sonne auf- und untergehen, so wie wir es in Umbrien gesehen haben. Oben, in Assisi, und unten, bei der Porziuncola.
Seit Galilei haben die Menschen zwei Sonnen: Eine, die sie sehen, und eine, die sie wissen. Eine im Herzen und eine im Kopf — eine, die wärmt, und eine, die verbrennt.
Unsere Schwester, die hohe Frau, ist die Sonne, die wärmt — die Sonne der Herzen.
Die Kopf-Sonne wissen die Wissenschaftler Millionen Grad heiss. Um solche Hitze zu ertragen, müssen die Köpfe ganz kalt sein — kälter als kalter Stein.

Vater Franziskus, mich friert. Gehen wir zu den Sonnenherzen!

Frater Leone, wo ist dein Löwenherz? Der Herr hat uns nicht gesandt, uns zu wärmen, sondern Wärme zu bringen, wo Kälte ist. Er hat uns gesandt, Liebe zu bringen, wo man schon die Kinder in der Kälte des blanken Verstandes frieren lässt.

Vater Franziskus, wo sind wir?

Im Herzen eines Erziehungswissenschaftlers. Ich habe es dir gesagt, wir wandern durch die unabsehbaren Engen der Herzen von

Wissenschaftlern, die an die Wissenschaft glauben. Ein kälteres Land gibt es nicht. Ihre Köpfe sind so kalt, dass die Kälte bis zu den Herzen gedrungen ist und sie zu erfrieren droht. Das zu verhindern, hat uns der Herr gesandt.

Vater Franziskus, die Welt braucht einen neuen Franziskus, du schaffst das nicht mehr alleine.

Vorerst hat der Herr den alten geschickt mit seinem Löwen. Los, Frater Leone, was nicht ist, kann werden. Es gibt keinen anderen Weg zu den Herzen der Wissenschaftler als durch ihre Engherzigkeit. Es ist nicht schwer, unter grossen Herzen grossherzig zu sein. Hörst du, wie die engen Herzen vor Kälte klirren statt zu schlagen. Komm, beeile dich, bevor sie zerbrechen!
Nur die Liebe kann sie retten.
Ihr fanatischer Glaube an die Wissenschaft — an sich selbst — hindert sie, auf die Weisheit der Alten zu hören. Sie lächeln über Aristoteles, der sagt, das Gehirn sei ein Organ zur Kühlung des Blutes, und merken nicht, dass sie mit der Kälte des Kopfes ihr Blut in einen Eisstrom verwandeln. Sie sind stolz auf ihre Kaltblütigkeit und merken nicht, dass sie dabei erfrieren. Aber nicht bloss die Alten stossen an die Mauer solchen Hochmuts. Albert Einstein sagt, dass mit der Relativitätstheorie eine Welt mit der Erde als Zentrum ins — so sagt er — Belieben gestellt sei. Und doch behauptet ein anderer Nobelpreisträger, ein Chemiker, der Mensch sei ein Zigeuner am Rande des Weltalls, das taub sei für seine Musik und gleichgültig gegen seine Hoffnungen, Leiden und Verbrechen.

Vater Franziskus, warum verachtet dieser Mensch die Zigeuner? Mich friert immer mehr!

Es ist gut, dass dich friert, Gotteslöwelein. So geht Wärme von dir weg und hin zu diesem Menschen, dass er die Zigeuner lieben kann. Wir waren ja auch Zigeuner, als wir noch in unseren Eselchen unterwegs gewesen sind. Für die Physik könnte die Erde, wie der grosse Einstein sagt, das Zentrum der Materie des Weltalls sein. Das kann also so sein oder nicht so sein; es ist — wie Bruder Einstein sagt — ins Belieben gestellt, was einstmals Anlass zu einem erbitterten Streit zwischen Kirche und Wissenschaft gewesen ist. Eines jedoch ist gewiss — das Wichtigste: Mit der Menschwerdung Gottes in Jesus Christus hat der Schöpfer gezeigt, dass die Erde ein von Gott geliebter Ort ist. Sie ist das Zentrum der Liebe. Und diese Liebe droht durch die Kälte der Köpfe in den Herzen zu erfrieren, weil die Wissenschaftler glauben zu wissen, statt dass sie wissen zu glauben.

Vater Franziskus, hören die uns da drinnen?

Frater Leone, wir wollen das Lied von der hohen Frau, der Schwester Sonne, singen, damit wieder Wärme in die Herzen einkehre. An Millionen von Graden kann sich niemand erwärmen, das ist das Feuer der Hölle. Auch die kältesten Köpfe verbrennen daran, wenn sie dem Thermometer mehr glauben als der Schönheit der hohen Frau.

Vater Franziskus, weisst du noch, wie warm die Kälte auf dem Berg Alverna gewesen ist?

Löwenherz Christi, du Gotteslamm! Das war Bruder Winter, der uns mit seinem weissen Kristallmantel gewärmt hat. Die Winterkälte ist Wärme gegen die Kälte des Materialismus, der ja nichts Materielles, sondern etwas Geistiges ist — das Denken der Materialisten. Etwas Kälteres gibt es nicht. In unseren Kutten und unter dem Mantel von Bruder Winter, den er über unsere Hütte gelegt hatte, war uns warm, obwohl Bruder Feuer mit uns gefastet hat. Die Liebe macht alles möglich, weil bei Gott alles möglich ist — Gott ist Liebe. Ohne Liebe ist nichts möglich, was nicht Nichts ist. Die Kälte des Denkens kann mit Millionen Graden nicht erwärmt werden, das beweist die Atombombe.

Vater Franziskus, verstehen die uns?

Vielleicht müssen wir mehr in der Sprache der Wissenschaftler reden, weil diese ja schon die kleinen Kinder in der Schule gelehrt wird. Das geht noch so weit, bis die Erwachsenen so sind wie die Kinder — aber anders, als der Herr es gemeint hat. Je mehr Millionen Grade die Wissenschaftler der Sonne zuschreiben, um so kälter wird ihr Denken. Auf ihren Thermometern gibt es bloss 273 Grad Kälte, aber die Kälte ihres Denkens misst ebenfalls Millionen Grade. Du siehst, Frater Leone, das hat mit den Richtigkeiten der Wissenschaft nichts zu tun, sondern mit der Wahrheit. Über diesem Abgrund zwischen Hitze und Kälte wurde den Menschen schwindlig, und sie

verwechselten das Herz mit dem Kopf und den Kopf mit dem Herzen, und es entstand die Psychologie. Das Besondere dieser Wissenschaft besteht darin, dass ein guter Psychologe sie nicht nötig hat. Früher nannte man diese psychologielosen Psychologen Priester, ihr Sprechzimmer war der Beichtstuhl. Dort, wo die Wissenschaftler den Kopf in aller Kühle hätten brauchen sollen, haben sie mit ihren verengten Herzen geglaubt und gehofft. Mit einem kühlen Kopf — mit ihrer Wissenschaft — hätten sie schon lange sehen können, wohin eine Wissenschaft und eine Technik führen, die meinen, ohne Gott auszukommen. Mit der Kopfkälte der modernen Naturwissenschaft wäre alles voraussehbar gewesen, was heute die Menschen bedroht. Aber statt gedacht, haben sie geglaubt — nicht an Gott, sondern an die Wissenschaft. Sie haben in der Hoffnungslosigkeit — in der Gottlosigkeit — gehofft.
Und sie hoffen immer noch.
In der Gottlosigkeit.
Was man wissen konnte, wollten sie nicht wissen, und was man nicht wissen kann, glaubten sie zu wissen.
Und sie glauben immer noch zu wissen, dass sie wissen, dass es keinen Gott gibt.
Mit ihren kalten Köpfen hätten sie die Beraubung der Freiheit durch die Zwangsläufe der Maschinen mit den Zwangsläufen ihres Denkens berechnen können. Ebenso die Ausraubung der Mutter Erde. Es braucht keine Wissenschaft, um zu wissen, dass ein Vorrat, dem man mehr nimmt als gibt, früher oder später zu Ende geht. Wenn die Menschen mehr Wärme wollen — sie nennen es heute Energie — als die hohe Frau, die Schwester Sonne, uns spendet, die Wärme, die Gott den Menschen in seiner Weisheit zugemessen hat, so verbrennen sie zuerst und erfrieren dann. Nachdem sie am Übermass ihre Seelen verbrannt haben, erfrieren aus Mangel ihre Leiber. Noch bohren sie mit ihren langen Rohren Öl, Gas, Kohle und Erze aus dem Schoss der Mutter Erde. In ihrem Wissenschaftsglauben glauben sie, die Bodenschätze seien für nichts anderes da, als damit Maschinen zu bauen und Maschinen zu füttern.
Nein, etwas anderes können sie sich gar nicht vorstellen.
Sie können sich nicht vorstellen, dass die Tiefe der Erde einen tieferen Sinn hat, als sie mit ihren bohrenden Rohren erreichen.

Sie nehmen der Erde viel mehr, als sie ihr geben.
Das Ende ist nahe.
Das sehen ihre Köpfe jetzt deutlich, das wissen sie.
Aber mit ihren engen Herzen glauben sie; sie glauben immer noch, dass man mehr nehmen als geben könne. Sie glauben an eine wunderbare Maschinenvermehrung.
Mit ihrer Wissenschaft glauben sie zu beweisen, dass es die Wunder, die unser Herr getan hat, nicht geben könne. Aber sie hoffen — wie sie es nennen — mit dem «Prinzip Hoffnung» auf das grösste aller Wunder: auf die Rettung der Schöpfung vor der Fressgier ihrer Maschinen. Und tatsächlich: Nur die Barmherzigkeit Gottes kann die Schöpfung — seine Schöpfung — retten. Frater Leone, du weisst, wir glauben an dieses Wunder. Damit die Menschen für dieses Wunder würdig sind, hat uns der Herr in ihre Herzen geschickt, um ihre Köpfe wieder an den rechten Platz zu stellen. Damit sie wieder an Gott glauben statt an ihre Wissenschaft, damit sie wieder an den Erlöser glauben statt an die Erlösung des Menschen durch den Menschen — an die eitelste Eitelkeit. In der modernen Naturwissenschaft hat der Sündenfall seine Vollendung gefunden, indem es Theologen gibt, die die Erbsünde mit Hilfe der Evolutionstheorie abgeschafft haben. Frater Leone, ziehen wir durch die Herzen, wie wir einst durch unser schönes Umbrien gewandert sind.
Predigen wir das Evangelium unseres Herrn von innen her.
Von aussen sind die Ohren verschlossen.
Sie wollen wissen, nicht glauben.
Sie sollen wissen, was wissbar ist: das Ende der Erde ohne die Barmherzigkeit Gottes.
Diese Barmherzigkeit können sie nur erlangen, wenn sie glauben, was glaubhaft ist: Gott.
Los, Frater Leone, es ist höchste Zeit! Ohne unsere Eselchen sind wir ja beweglich wie der Wind.

Aber es ist alles so eng und lang, kein Ende ist zu sehen.

Du siehst recht, Gotteslamm. Die Herzen der Menschen gleichen den Rohren, durch die sie seit Jahrhunderten schauen. Seit Bruder Galileo mit seinem Rohr die Sphären des Himmels durchbohrt hat, haben die Wissenschaftler die Blickrohre immer länger gemacht,

Fern- und Nahrohre, Teleskope und Mikroskope und noch viele andere Skope. Die Rohre haben wohl den Blick geschärft, aber die Sicht, das Schauen haben sie verengt. Heute sind die Rohre so lang und so eng, dass sie damit nicht mehr die hohe Frau, unsere Schwester, die Sonne sehen, sondern nur noch winzige Stücke ihres Lichtes, die sie Quanten nennen. Sagst du zu einem Physiker das Wort Licht, so denkt er nicht an den Strahlenglanz der Sterne, an die Zartheit der Farben im Frühling, an das Gold der hohen Frau, wenn sie der Herr für ihr Tagwerk im Purpurmantel krönt. Sie sehen Wellen und Quanten, die so klein sind, dass man sie nicht sieht. Frater Leone, stell dir die Finsternis vor, in der sie leben! Die Lichtfülle der Farben, das ganze Tagwerk der hohen Frau, sei — wie sie sagen — subjektiv. Damit meinen sie, nicht wirklich. Wirklich seien ihre Wellen und Quanten, die sie in ihren Rohren zu sehen glauben. Sie nennen das die objektive Wirklichkeit und vergessen dabei, dass diese ihre Wirklichkeit eine von ihnen selbst, also von Subjekten — wie sie die Menschen nennen — gedachte Welt und somit wiederum subjektiv ist. Also genau das, was sie unwirklich nennen. Die Philosophen sagen dem einen Zirkelschluss, und die Theologen sprechen von der Sünde, der anima in se curvata, der sich in sich selbst drehenden Seele. Die Sünde des Selbst, das sich selbst erlösen will. Das alles ist so gelehrt, dass ich es nicht so recht sagen kann. Wir hätten aus Padua den Bruder Antonius mitnehmen sollen.

Ruf ihn doch, Vater Franziskus!

Ja, ich will ihm sagen, er möge beim Bruder Mond auf uns warten.

Bei uns gab es doch auch Wissenschaft, Vater Franziskus. Denke doch an den Thomas von Aquino; er kam im selben Jahr zur Welt, in dem du gestorben bist.

Diese Wissenschaft, treuer Löwe, stellte die Frage nach dem Gottgewollten, und die heutige Wissenschaft stellt das Gottgewollte in Frage, und zwar so lange, bis sie schliesslich auch jenen Willen Gottes in Frage stellt, der die Wissenschaft überhaupt ermöglicht — den Menschen. Du siehst, wieder ein Zirkelschluss. Jede Wissenschaft ohne Gott dreht sich im Kreise, die anima in se curvata bleibt am Ort der Sünde.

Ich meine, Vater Franziskus, sie hätten mit ihren Rohren nicht in den Himmel zielen sollen.

Ich weiss nicht, Bruder Leone. Aber der Hochmut wuchs mit der Länge der Rohre. Bald gab es Wissenschaftler, die meinten, die Reichweite ihrer Rohre sei so gross, um damit Gott treffen zu können. In dieser Meinung glaubten sie, auf der Erde tun zu dürfen, was ihnen beliebt. Sie machten aus den Fernrohren Nahrohre und richteten sie nach unten. Aber mit diesen Mikroskopen sahen sie nicht mehr unsere Schwester, die Mutter Erde, sondern Atome, die so klein sind, dass sie mit der Starre des kältesten Denkens an einen gedachten Ort festgefroren werden müssen. Und wenn sie mit den Blickrohren in der Erde etwas finden, für das sie Geld bekommen können, stossen sie Bohrrohre in den Schoss unserer Mutter, um es herauszuholen. Sie haben auch Bohrrohre für den Schoss der Menschenmütter, die ebenso töten wie die Gewehrrohre der Soldaten. Kein Schoss ist ihnen mehr heilig. Sowenig sie mit ihren Fernrohren oben den Himmel finden, finden sie mit den Bohrrohren unten die Hölle. Das ist für sie ein Beweis, dass es beide nicht gibt. Sie suchen das Jenseits im Raum statt dort, wo es ist: in ihren Herzen. Aber ihre Herzen haben die Form der Rohre angenommen, mit welchen sie die Natur erforschen wollen.
Die Herzen sind eng geworden.
In den Herzen der Wissenschaftler, die Gott in Frage stellen, hat die Weite des Himmels keinen Platz.
Aber die Enge der Hölle.
Frater Leone, du weisst, wie viel weiter und näher, grösser und kleiner, fröhlicher und ernster, wie viel lieber, schöner, farbiger, kurzweiliger und inniger im Himmel alles ist. Wenn die Menschen das wüssten! Auch die kleinsten Kleinigkeiten werden beachtet; zum Beispiel jene Menschen, die auf der Erde geglaubt haben, die Grössten zu sein.
Mit ihren Fernrohren können sie den Himmel nicht sehen. Aber mit ihren Bohrrohren haben sie die Hölle sichtbar gemacht — nicht unter der Erde, aber auf der Erde.

Vater Franziskus, mir wird immer enger!

Bruder Löwe, sei jetzt ein wenig der König der Wüste! Ich weiss, es

ist eine schlimme Wüste in diesen Herzen, lang und eng. Wir müssen drei ganz lange Engen durchwandern: die Forscher-Neugier, den Wissenschaftler-Hochmut und die Gelehrten-Eitelkeit. Besonders wüst ist die Neugier, die sie neuerdings für eine Tugend halten. Überhaupt verwechseln sie gerne neu mit besser. Auch der Hochmut ist schlimm, aber auch im höchsten Hochmut ist unten auf dem Grund ein wertvolles Samenkorn: ein Tropfen Demut. Den müssen wir suchen und säen, dass aus dem kleinen Mut des Hochmuts der grosse Mut zur Demut wächst, dass aus dem Tropfen ein Quell der Freude und Schönheit wird, ein reissender Strom der Liebe. Du weisst, Bruder Leone, sie haben den Reichtum unserer Armut verschmäht und sind mit ihrem Reichtum ärmer geworden als die Bettler in unserem Assisi. Nicht einmal mehr frisches Wasser und reine Luft und auch keine ruhige Nacht mehr haben sie, alles haben sie mit ihrer Habgier vergiftet. Selbst der Reichste kann sich nicht die Milde des Frühlingswindes oder das Silber der keuschen Quelle kaufen.
Alles wurde von ihrer Wissenschaft vergiftet.
Von der Wissenschaft, die Gott in Frage stellt.
Jetzt stellt Gott diese Wissenschaft in Frage.
Die Wissenschaftler wissen es.
Sie haben Angst um ihr Geld.
Schon stirbt die Heimat des Lebens — der Wald.
Die Wissenschaftler wollen ihn mit Wissenschaft retten.
Die Menschen glauben ihnen nicht mehr.
Die Menschen haben Angst.
Die Wissenschaftler haben Angst.
Komm, Gotteslöwe, wir müssen uns beeilen, Körner der Demut in jene Herzen zu säen, in welchen der Same aufzugehen vermag.
In die Herzen der Jugend!
Mit dem Mut zur Demut wird die Jugend über den Mut zum Hochmut der Wissenschaftler siegen, weil es keinen grösseren Mut als den Mut zur Demut gibt.
Die Jugend wird die Macher hindern, zum letzten Wahnsinn zu schreiten: Während sie die Erde mit all den Wundern der Schöpfung der Fressgier ihrer Maschinen vorwerfen, wollen prominente Wissenschaftler die Menschheit mit dem Bau von künstlichen «Erden» —

Weltraumwohnmaschinen — retten. Ja, von einer Auswanderung auf andere Planeten reden sie sogar. Oder sie sprechen von Gentechnologie, mit welcher sie durch Zucht die Menschen den Maschinen anpassen, aus Menschen Maschinen machen wollen. Für diese Wissenschaftler ist der Mensch ja schon lange eine Maschine, er ist — wie sie sagen — nichts anderes als ein kompliziertes physikalisch-chemisches System.

Das wird der Herr verhindern, Vater Franziskus!

Gewiss, aber er will, dass wir ihm helfen. Los, nimm dein Himmelseselchen und trabe! Du siehst, es ist höchste Zeit! Wehe, wenn wir zu spät kommen. Wir müssen die Jugend erreichen, die grosse Hoffnung. Auf unseren Erdeneselchen haben wir von aussen zu den Menschen gesprochen, jetzt sprechen wir von innen her.

Du meinst, dass sie uns hören?

Die Jungen schon, aber bei den Alten ist es schwierig. Auch sie werden schliesslich hören, wenn wir in ihren Herzen den rechten Ort erreicht haben. In diesen engen Rohrherzen, die für sie bloss noch chirurgisch austauschbare Blutpumpen sind, kann das ein langer Weg sein. Auf dem Operationstisch werden eben keine Herzen, sondern Pumpenrohre verpflanzt. Begreiflich, dass bei diesem engen Vielwissen die Grösse des Glaubens keinen Platz findet. So bestreiten sie einfach die Wunder und die Auferstehung unseres Herrn. Nichts ist einfacher und unwissenschaftlicher als das. Sie wollen alles erklären und vergessen, dass die Ursache des Erklärens, ihre Existenz, mit ihren Erklärungen nicht erklärt werden kann.
Du siehst, Frater, Zirkel über Zirkel.
Die schwindel-erregenden Drehungen des Hochmuts.
Sie haben viele Erklärungen und wenig Verständnis für das Leben.
Das eben nennen sie Psychologie.
Sie verweigern Gott das einfache Ja.
Das ist das Böse des Bösen.
Höre, Gotteslamm, was Bruder Carlo Carretto sagt in seiner Klause bei Spello — nicht weit von Assisi: Die Menschen von heute sind immer noch unlogischer als die der Frühzeit, die die Sonne, die herrliche, phantastische, besinnungslos liebten und anbeteten. Die von heute meinen vielleicht, sie seien gewitzter, wenn sie mit ihrem nase-

weisen Sarkasmus zu allem nein sagen oder alles argwöhnisch betrachten. Das ist genau der Weg, niemals zur Wahrheit zu finden; es ist das unfehlbare Mittel, blind, taub und stumm zu bleiben. Ich kann beschliessen, draussen zu bleiben, aber interessant ist es bestimmt nicht. Es ist, milde gesagt, todlangweilig. Und sicher freudlos und ohne Kreativität. Warum ist es dann so schwierig, dieses einfache Ja zu Gott zu sagen, das Ja, von dem alle Dinge ertönen, und in eine so universale Liebe einzustimmen? In dieser Schwierigkeit glaube ich eine schreckliche, unerbittliche Präsenz zu entdecken, die das ganze Universum durchherrscht und in jedem von uns im hintersten Winkel des Geistes, in den verborgenen Mäandern unserer Seele hockt. Diese Präsenz, musst du wissen, hat etwas Unwahrscheinliches, und gerade hinter dem Unwahrscheinlichen versteckt sie sich gern, um dich leichter zu erlegen. Ich weiss nicht einmal, welchen Namen ich ihr geben soll, um niemand zu verletzen, um niemand auf dem Weg des Glaubens zu blockieren. Als Paul VI. den Mut hatte, auf diese Präsenz zu sprechen zu kommen und sie Satan zu nennen, regten sich viele auf und warfen ihm vor, diesem klugen und grossen Papst, dass er zu Terrormethoden des finsteren Mittelalters zurückkehre. Soll ich die Präsenz des Bösen den Widersacher, den Versucher nennen? Aber es ist mehr in ihm als das. Warum ihn nicht Satan nennen, wie er im Evangelium genannt wird? Als Jesus ihn direkt ansprach, wie er heisse, antwortete er: 'Mein Name ist Legion; denn wir sind viele' (Mk 5,9). Was kann mysteriöser sein als der Böse? Aber könnte er das Mysterium Gottes übertreffen? Wir müssen den Mut haben, einen Fetzen Dunkelheit hinzunehmen, immer aber dabei die Augen offenhalten auf das Lichtstrahlende, wie Kinder staunen. Zu begreifen gibt es hier nichts. Gott habe ich nicht mit dem Verstand erreicht, aber mit dem Glauben. In gewisser Weise geht es mit dem Satan ähnlich. Begriffen habe ich ihn nicht, aber ich bin sicher, dass es ihn gibt. Die Erfahrung hat mich darüber belehrt.

Wo hat Bruder Carlo das gesehen?

In der Wüste, du Wüstenköniglein, du Gotteslöwchen. In der Stein- und Sandwüste hat er gesehen, wo die wirkliche Wüste ist — das Wüste: die Herzenswüste. Diese drückende Enge endloser Roh-

re, durch die wir jetzt wandern müssen, um sie mit Liebe weit und gross zu machen, so wie Herzen sein sollen.
Damit der Glaube wieder Platz darin hat.
Du weisst, wie ich vor Büchern gewarnt habe. Jetzt stapeln sie in Bibliotheken Berge von Wissen, kahl wie die Wälder, die abgeholzt wurden, um Papier daraus zu machen.
Diese Wissensberge haben keine Bedeutung für die Zukunft.
Auch ist das Papier schlecht und zerfällt schnell.
Aber nicht schnell genug, als dass wir uns nicht darum zu kümmern bräuchten. Also müssen wir wissen, was sie wissen. Wir müssen zeigen, dass Wissen noch nicht Weisheit ist. Gewiss, es gibt keine Weisheit ohne Wissen — aber leider das umgekehrte. Die Rohre, durch welche sie die Welt betrachten, haben eine verteufelte Eigenschaft. Je grösser sie ihre Fern- und Nahrohre machen, um so kleiner wird der Teil der Welt, den sie damit sehen. Mit den Teleskopen vergrössern sie die Weite, aber nicht die Tiefe des Himmels, und mit den Mikroskopen den Inhalt, aber nicht den Gehalt der Dinge. Je kleiner der Teil ist, auf den sie mit ihren Rohren zielen, um so mehr Wörter brauchen sie, um zu sagen, was sie sehen. Bald waren die Teile, die sie Atome nennen, so klein, dass die Wörter ihrer Sprache nicht mehr ausgereicht haben, um zu sagen, wie gross die Kleinheit der Atome ist. Die Wissenschaftler müssen täglich neue Wörter machen, weil sie beim Teilen der Teilchen auf der Suche nach unteilbaren Teilchen immer kleinere und kleinere Teilchen finden. Sie nennen diese Wörter Formeln. Heute haben sie meilenlange Rohre, mit welchen sie Teilchen sehen, die so klein sind, dass es ganze Bücher voll von neuen Wörtern braucht, um zu sagen, wie riesig die Kleinheit geworden ist. Es sind so viele und so schwierige Wörter, dass nicht einmal jene Menschen, die in das lange Rohr schauen, alle kennen. Sie haben deshalb Schwierigkeiten, zu verstehen, was der andere sagt. Aber das hindert sie nicht, die Forschungsrohre immer länger zu machen, weil sie das, was sie nicht verstehen, einfach erklären.

Vater Franziskus, das verstehe ich nicht.

Das, Gotteslöwe, ist eben das Verteufelte an diesen Rohren. Je mehr die Wissenschaftler die Welt erklären, um so weniger verstehen sie die Welt. Wenn sie so weitermachen, werden sie am Schluss für alles eine Erklärung und für nichts ein Verständnis haben.

Warum sind diese Rohre verteufelt?

Das, Gotteslamm, ist das grosse Problem, das wir den Wissenschaftlern schonend beibringen müssen, das wir ihnen sozusagen nicht sagen dürfen.

Was?

Dass in diesen Rohren der Teufel steckt.

Und warum dürfen wir ihnen das nicht sagen?

Weil sie glauben, dass sie nicht an Gott glauben, und weil sie deshalb glauben zu wissen, dass es den Teufel nicht gibt.

Aha, sie glauben zu wissen, statt dass sie wissen zu glauben.

Gut nachgebrüllt, Gotteslöwe! Sie sehen den Teufel im Rohr so wenig wie den Balken im Auge, von welchem der Herr gesprochen hat.

Was sollen wir tun?

Wir wollen für sie beten, Frater Leone: *Herr Jesus Christus, gewähre den Wissenschaftlern die Gnade der Erleuchtung; öffne ihnen die Herzen, damit sie im Lichte deines heiligen Herzens in der Schönheit der Schöpfung die Liebe des Vaters und das Leben des Heiligen Geistes sehen. Dass sie einhalten, mit ihren Rohren den Himmel und die Erde zu zerbohren. Zuerst zerstörten sie damit den Himmel in den Herzen der Menschen und dann die Erde unter ihren Füssen. Herr Jesus Christus, Sohn Gottes, bitte den Vater um seinen Machtschutz für die durch Habgier bedrohte Schöpfung um der Kinder willen — um der Verwirklichung deiner Botschaft willen. Ohne die Barmherzigkeit des Vaters wären die Menschen in ihrem Hochmut und Stolz verloren, und die hohe Frau, die Schwester Sonne, müsste bald auf eine tote Erde scheinen.*
Hörst du, Gotteslamm, wie die Jugend mit uns betet! — Die Erde wird gerettet sein und der grössten Kultur der Weltgeschichte entgegenleben: dem verwirklichten Christentum!

Sei gelobt, mein Herr,
durch Bruder Mond
und die Sterne,
die Du am Himmel geformt
in köstlich funkelnder Ferne.

Schau, Gotteslöwe, wir sind beim Mond. Dort wartet Bruder Antonius, der Gelehrte. Ihm war das Wissen kein Hindernis auf dem Weg zur Weisheit — er liebte die Armut. Er wird uns helfen, diese wissenschaftlichen Dinge zu sagen, wovon die Köpfe heute so voll sind. Wer die Wissenschaft feil hält, verliert die Weisheit in dem Mass, mit dem er Geld gewinnt. Die Käuflichkeit der Wissenschaft ist, wie die käufliche Liebe, ein Widerspruch in sich. Wissenschaft und Liebe beruhen auf Wahrheit, und beide sind nicht käuflich.

Vater Franziskus, will das heissen, dass Armut für Wissenschaft und Liebe eine Voraussetzung ist?

Frater Leone, du weisst, dass mein Gebot der Armut selbst manchen von unseren Brüdern zu streng ist; was können wir von den Menschen erwarten, die ohne Gelübde leben? Aber die Widersprüche sind voller Gefahr: die käufliche Liebe gefährdet den einzelnen Menschen, und die käufliche Wissenschaft gefährdet die ganze Welt.

Gibt es in der Welt keine wahre Wissenschaft und keine wahre Liebe?

Sie sind selten wie der Reichtum unserer Armut.

Der Reichtum unserer Armut, Vater Franziskus?

Das solltest du eigentlich wissen, Gotteslamm. Die Armut des Eigentums wird bei jenen Menschen deutlich, die Geist in Geltung — in Geld — verwandeln wollen. Sie sprechen dann von geistigem Eigentum. In der Wissenschaft der Fern- und Nahrohre, wo es um Richtigkeiten und nicht um die Wahrheit geht, veröffentlichen die Wissenschaftler ihre Theorien immer sehr schnell, damit sie Anspruch auf geistiges Eigentum haben. Der begehrte Nobelpreis kann ja nur mit geistigem Eigentum gekauft werden. Oft widersprechen sich die Theorien über ein und denselben Gegenstand, weil in der Hast des Haschens nach geistigem Eigentum zuwenig lang gedacht worden ist. So bleibt von ihrem geistigen Eigentum eine geistige Armut. Unsere Armut, Frater Leone, ist eine schöne Frau. Sie ist ein Bündnis mit dem Reichtum Gottes, wie auch unsere Gewaltlosigkeit ein Bündnis mit der Allmacht Gottes ist. Also Bündnisse der Liebe. Die Frau Armut ist unsere Braut. Aber es gibt eine Armut, die kein Reichtum ist. Ihre Bekämpfung misslingt deshalb, weil nicht das entscheidend ist, was die Reichen den Armen geben, sondern das, was sie behalten. Dies habe ich im Tuchladen meines reichen Vaters gelernt. Schwester Herta Brügel sagt das sehr schön: Nichts werden wir Menschen behalten, als das, was wir verschenkt haben.

Wird es einmal eine Welt mit einer wahren Wissenschaft geben?

Zu helfen, diese Welt zu schaffen, sind wir unterwegs. Unsere grosse Hoffnung ist die Jugend, deren Herzen noch nicht rohrförmig sind.

Was wird das für eine Welt sein?

Das verwirklichte Christentum, Gotteslamm! Der Weg dahin ist der Kreuzweg durch die Herzen der Menschen. Höre unseren Bruder Eugen Mederlet aus der Schweizer Provinz, auch er ist mit uns unterwegs: Was wird nun wohl wirksamer den Hunger und das Elend in der Welt überwinden: das Verlangen nach unserem Wohlstand in den Völkern zu wecken oder den christlichen Wert eines schlichten, einfachen Lebens zu erkennen, zu leben und zu verkünden? Wenn eine franziskanische Erweckung in der Kirche entstünde, wenn viele hingingen, um zu verkaufen, was sie haben, und den Erlös den Armen zu geben, wenn die Liebe zur Armut Christi wieder von wahrhaft arm lebenden Hirten und Predigern verkündet und eine Hochschätzung und liebevolle Hinwendung zu den Armen entstünde, nicht um sie zu Reichen zu machen, sondern um ihre Not zu lindern und sie durch die erfahrene Liebe ihrer Armut froh werden zu lassen, dann würde der verschenkte Überfluss bald das Elend überwinden. Wie könnten die Güter gerechter verteilt werden, als wenn jeder dem gäbe, der es nötiger hat? Wir sprechen heute viel vom Evangeli-

um. Müsste aber in einer evangelischen Christenheit nicht die Armut höher und für das Himmelreich tauglicher eingeschätzt werden als der Reichtum? Kann eine Theologie, die im Reichtum die normale Voraussetzung des christlichen Lebens sieht, evangelisch sein? Wir wähnen heute, die armen Völker dadurch zu lieben, dass wir sie zum gleichen Wohlstand führen wollen, wie ihn die europäischen und amerikanischen Industrieländer besitzen. Steckt dahinter nicht das schlechte Gewissen, verbunden mit der Angst, selber etwas hergeben zu müssen? Gerade dieser Weg wird uns alle in die Armut stürzen, denn die Güter der Erde reichen nicht aus für eine solche Verschwendung. Gott hat die Erde für den Menschen erschaffen, der nach dem Beispiel seines Sohnes lebt. Wenn die Armut Jesu als höchste Lebensform erkannt wird und aller Reichtum im Dienste dieser Armut steht, dann kann die Erde alle ernähren, und es wird in aller Wahrheit und tatkräftiger Liebe den Armen die Frohe Botschaft verkündet. Nicht der Reichtum, sondern die freiwillige Armut als Nachfolge Christi kann die erzwungene Armut und damit das Elend überwinden.
Da ist Bruder Antonius.
Gelobt sei Jesus Christus!

In Ewigkeit, Amen. — Der Mond ist kalter Stein geworden, Vater Franziskus, seit die Menschen von aussen statt von innen her zu ihm kommen. Seit sie in ihren eng gewordenen Herzen für den Himmel keinen Platz mehr haben, bauen sie Raketen und meinen, ihn mit kosmischen Geschwindigkeiten erreichen zu können. Nachdem sie mit ihren Fern- und Nahrohren Gott auf der Erde nicht finden konnten, haben sie Raketenrohre gebaut, um zu beweisen, dass er auch auf dem Mond und auf den Sternen nicht ist. Wer Gott auf der Erde nicht sieht, findet ihn auch hinter dem Mond nicht. Und wenn sein Rohr so lang ist wie die Welt breit. Gott lebt eben in den Herzen der Rohrseher und Raketenfahrer, die nicht wissen, dass sie in sich selbst schauen und durch sich selbst fliegen. Das Diesseits ist ein Teil des Jenseits und nicht umgekehrt, wie der Kopf meint. Das Atomzeitalter ist voll von Rohren zum Sehen, Bohren und Leiten; alles wird verrohrt und verbohrt. In der kommenden Kultur wird es wenig Rohre, aber viele Gefässe geben, die von Liebe überfliessen, wie es der Dichter Conrad Ferdinand Meyer in Rom bei einem Brunnen sieht:

Aufsteigt der Strahl, und fallend giesst
Er voll der Marmorschale Rund,
Die, sich verschleiernd, überfliesst
In einer zweiten Schale Grund;
Die zweite gibt, sie wird zu reich,
Der dritten wallend ihre Flut,
Und jede nimmt und gibt zugleich
Und strömt und ruht.

Das Diesseits ist der Raum-Zeit-Teil des Jenseits, den die Menschen im Körper nicht verlassen können. Als ein tiefes Geheimnis um die Freiheit erleben die Menschen im Körper nur einen Teil der Wirklichkeit, zu deren Ganzheit das Tor führt, durch das wir bereits geschritten sind und durch das alle schreiten müssen: der Tod. Das, Vater Franziskus, können wir den Menschen wohl sagen, aber wir können es ihnen nicht zeigen. Sie können es glauben, aber nicht wissen. Leider sind sie wissenschaftsgläubig geworden und meinen, Wissen sei mehr als Glauben.

Der Hochmut glaubt an das Wissen, die Demut weiss zu glauben; beide Male ein Glaube.

Gut gebrüllt, Gotteslöwe. Einmal ist es der Glaube an sich selbst, das andere Mal der Glaube an Gott. Mit Wissen kann der Glaube nicht beseitigt, höchstens vergessen werden in der Hast um geistiges Eigentum. Weil die Materialisten glauben, der Tod sei das Ende des Lebens, meinen sie alles tun zu müssen, solange sie noch im Körper sind. Sie wollen mit ihren Maschinen Zeit gewinnen und verlieren dabei die Dauer des Lebens. Davon kommt das ganze Automobil-, Flugzeug- und Raketengehetze. Sie packen ihre Leiber in Zwangsjacken, um mit Raketenrohren zum Mond zu fliegen, statt dass sie in Geduld warten, bis sie ohne die Last des Körpers das ganze All durchwandern können und nicht kalten Stein und glühende Gase finden, sondern die sprudelnden Quellen des ewigen Lebens von einer Freude und Schönheit, wie sie nur Kinder träumen können. Das All hat in der Seele eines jeden Menschen Platz, jeder Mensch ist in der Welt, indem er sie umschliesst. Das ist unvorstellbar, solange der

Mensch im Körper ist; nach dem Tod ist die Materie nicht mehr ein Aussen, sondern ein Innen. So wie es in Wahrheit eigentlich schon zu Erdenzeiten ist: Der Geist enthält die Materie und nicht umgekehrt. Als wir noch im Körper waren, da haben doch wir den Arm bewegt, und es war nicht der Arm, der uns bewegt hat.

Siehst du, Gotteslöwe, wie gut es ist, dass der gelehrte Bruder mit uns geht.

Kennst du auch die Wissenschaft von den ganz langen Rohren, Bruder Antonius?

Bruder Leone, diese Rohre, die sie Instrumente nennen und ihnen auch Apparate sagen, sind eigentlich verlängerte und verfeinerte Hände und Ohren und Augen und Zungen und Nasen. Die Wissenschaftler haben sie so lange länger gemacht, bis sie sich damit so weit von sich selbst entfernt haben, dass sie jetzt meinen, die Welt von einem Aussen her anfassen, hören, sehen, schmecken und riechen zu können. Dieses vermeintliche Aussen, das in Wirklichkeit ihr mit der ganzen Schöpfung untrennbar verbundenes Innen ist, nennen sie die objektive Welt.

Das ist genau das, was du bei der Schwester Sonne gesagt hast, Vater Franziskus!

Ja, Frater Leone. Die Wissenschaftler können sich mit längeren Rohren sowenig von sich selbst trennen, wie sie sich mit einem stärkeren Licht von ihrem Schatten trennen können. Ihre objektive Welt ist eine subjektive, weil sie durch ihren Geist existiert, wie auch die von ihren geistgelenkten Händen hervorgebrachten Instrumente, mit welchen sie sich von sich selbst trennen wollen. Aber Bruder Antonius kann das viel besser sagen.

Ohne dich, Vater Franziskus, wäre ich an meiner Wissenschaft krank geworden. Die Wissenschaftler haben vergessen, dass etwas Raffiniertes nicht immer auch etwas Besseres ist. Ein raffiniertes Essen ist selten auch ein gutes Essen; so mancher schon hat sich an raffinierten Speisen krank gegessen. So die Wissenschaftler mit ihren verfeinerten Greif-, Hör-, Seh-, Schmeck- und Riechrohren. Vor lauter Feinheiten sehen sie das Wunder der Ganzheit, den Kosmos nicht mehr.

Bruder Antonius, wir müssen für diese Menschen, die immer mehr erklären und immer weniger verstehen, Verständnis haben. Wir müssen für sie beim Vater um Barmherzigkeit bitten, dass er sie ihr Verhängnis sehen lässt. Beim Verlängern und Verfeinern ihrer Rohre erzeugen die Wissenschaftler zur Vergrösserung ihres geistigen Eigentums eine Emsigkeit, die ihnen keine Zeit mehr zum Staunen lässt; zum Staunen darüber, dass ihr Tun — all dieses Machen und Messen — überhaupt möglich ist; dass etwas zum Messen da ist, dass überhaupt etwas ist und dass nicht nichts ist. Das Staunen über das Wunder aller Wunder, den Menschen, der sagen kann, ich bin ich, der zum anderen sagen kann, du bist du.
Der den anderen lieben kann.
Der ihn aber auch hassen kann.
Deshalb heisst das Gesetz unseres Vaters im Himmel: Liebe deinen Nächsten, denn er ist wie du.

Aber diese Wissenschaftler wollen keinen Vater mehr im Himmel haben.

Leider hat der Gotteslöwe recht; weisst du, warum, Bruder Antonius?

Was sie in ihren Fern- und Nahrohren nicht sehen können, leugnen sie. Sie sind — wie du schon gesagt hast — rohrherzig geworden, Vater Franziskus. Weil sie in ihrem Hochmut keinen Vater haben wollen, müssen sie, sich im Kreis herumdrehend, selber Vater sein. Eine Inzucht also, die nicht mehr überboten werden kann. Sie behaupten, die Materie habe sich so lange selbstorganisiert, bis aus dieser Hervorbringung schliesslich ein Wissenschaftler entstanden sei, der in der Lage ist, sich als ein Wesen zu erkennen, das durch Selbstorganisation sich selbst erkennt. Wie gewohnt, haben sie für das Unbegreifliche einen Begriff geschaffen und nennen es evolutionäre Erkenntnistheorie.

Ist das der Bruder Darwin?

Nein, Frater Leone. Da sie meinen, etwas Neues sei auch etwas Besseres, haben sie einen Neu-Darwin, der allerdings kein Mensch mehr ist, sondern — wie sie ihren Religionsersatz nennen — eine Ideologie. Der alte Darwin hat ja noch an einen Schöpfer geglaubt, der dem ersten Tier das Leben eingehaucht hat.

Was sagt dieser Neu-Darwin, der kein Mensch ist?

Der Neo-Darwinismus, wie sie diesen Nichtmenschen nennen, glaubt an die Selbstorganisation der Materie, dass also das Leben von selbst entstehen könne und nicht von Gott eingehaucht werden muss.

Aber warum soll der Vater diesem Neu-Darwin das Leben nicht mehr schenken?

Weil die moderne Wissenschaft um so moderner gilt, je gottloser sie die Welt erklären kann. Die Rohrherzen machen ihre Köpfe glauben, sie seien um so intelligenter, je weniger sie an Gott glauben. Du siehst, Vater Franziskus, wie die intellektuelle Eitelkeit hochintelligente Menschen blind macht. Im Atomzeitalter dürfen die Wunder der Schöpfung dazu dienen, Gott zu leugnen; das gilt heute als wissenschaftlich. Dieselben Wissenschaftler aber sagen, es sei unwissenschaftlich, in der Weisheit und Schönheit der Schöpfung einen Beweis für die Existenz Gottes zu sehen. Natürlich ist weder das eine noch das andere mit Wissenschaft möglich: weder ein Beweis für die Existenz Gottes noch ein Beweis für seine Nichtexistenz. Beides beruht auf Glauben: auf Glauben an Gott und auf Glauben an die Wissenschaft. Die eigentliche Tragödie des wissenschaftlichen Atheismus besteht im Umstand, dass es einen viel stärkeren Glauben braucht, um zu glauben, dass man nicht glaubt, als um an Gott zu glauben. Eine Tragödie, die ihre Vollendung darin findet, dass — um modern zu sein — immer mehr Theologen an die Wissenschaft glauben.

Da könnte man ja sagen, dass die Ungläubigen den stärkeren Glauben haben.

Wieder brüllst du gut, Gotteslöwe; wie du siehst, kommt es nicht nur auf die Stärke des Glaubens an, wie Bruder Luther gesagt hat.

Warum glauben sie so fest an ihre Wissenschaft?

Seit die Menschen mit Fern- und Raketenrohren in den Himmel bohren, glauben sie seine Grösse zu kennen, weil sie ihn mit Zahlen benennen. Aber sie messen damit nicht den Himmel, sondern bloss den Raum, der im Himmel ist.

Sie sagen ja auch nicht mehr Himmel, sondern Weltraum.

Ja, Vater Franziskus, die Materialisten sind oft ehrlicher als manche Theologen.

Ich brauche dir ja nicht zu sagen, Bruder Antonius, dass eben diese Unehrlichkeit die eigentliche Ursache gewesen ist für die Entleerung des Himmels zu einem blossen Raum, der von einer mit der Geschwindigkeit des Lichtes daherjagenden Zeit aufgespannt wird. Der Herr Papst war damals der sechste Alexander; eine schlimme Zeit für die Kirche. Man kann Bruder Luther verstehen.

Da hätte wieder ein Vater Franziskus kommen sollen, um die Kirche zu stützen.

Frater Leone, die Geschichte der Kirche unseres Herrn Jesus Christus liegt in Gottes Hand; die Pforten der Hölle werden sie nicht überwältigen. Von dort, wo es damals finster war, strahlt heute ein helles Hoffnungslicht. Auch die Wissenschaftler werden immer mehr erkennen, was sie tun, und nicht bloss, wie sie tun. Je weiter die Menschen in den zeitgebundenen Raum der Physik eindringen, nach dem Aussen des Weltalls als auch nach dem Innen der Materie hin, um so mehr entfernen sie sich von Gott. Da zerfällt die Erde zu blosser Chemie, und die Sterne des Himmels sind nichts als Zielobjekte der Physik. Da Gott in den Herzen der Menschen wohnt, sind die Weiten der Herzen grösser als die Fernen des Weltalls: das All ist in Gott und Gott ist in den Herzen. Auch ein Rohrherz ist nicht zu klein für die Barmherzigkeit Gottes, aber es ist für die Rohrherzigen zu eng, um Gott in sich zu fühlen. Deshalb wandern wir ja durch die Herzen der Menschen; möge der Vater uns helfen, sie gross und weit zu machen für die Geometrie Gottes, die alle mathematischen und physikalischen Geometrien umfasst. Die im Herzen eingeschlossene Geometrie des Himmels enthält die Geometrie des mit Lichtjahrmilliarden gemessenen Weltraums. An die unvorstellbare Berechnung von Bruder Einsteins gekrümmtem Raum glauben die Wissenschaftler, aber an das ins Jenseits gekrümmte Diesseits glauben sie nicht: Der Raum wohnt in Gott, Gott wohnt in den Herzen und die Herzen wohnen in Gott. Das vermag der Kopf nicht zu denken, aber das Herz kann es fühlen. Die Menschen dürfen sich über die Unfassbarkeit der Schöpfung nicht wundern, wenn sie die Welt durch ihre

Messrohre betrachten. Von der Wirklichkeit des Diesseits ist nur ein kleiner Teil messbar, und das Diesseits ist ja nur ein kleiner Teil des Jenseits. Der grösste Teil der Welt ist nicht nur unmessbar, sondern überdies unermesslich. Kann man das so sagen, Bruder Antonius?

Gewiss, Vater Franziskus. Aber vergiss nicht, dass wir in der Anschauung Gottes all das sehen, was die Menschen in ihrem Körper bloss fühlen können. Die ganze Wirklichkeit kann nur vom Jenseits her geschaut werden, für die umgekehrte Richtung ist der Mensch blind — er muss um seiner Freiheit willen blind glauben.

Aber Vater Abraham hat mit seinem blinden Glauben im gestirnten Firmament gesehen, dass der Himmel tiefer und weiter ist als die Sterne, die man mit den Augen sieht. Wenn wir den Menschen doch zeigen könnten, dass Vater Abraham und die ganze Geschichte der Schöpfung im Jenseits ebenso ein Jetzt sind wie das Jetzt im Diesseits jetzt ist. Wenn sie bloss wüssten, dass die Zeit die Berührung des Fleisches mit der Ewigkeit ist, dass die Toten lebendiger sind als die Lebenden, weil sie wissen, dass der Tod Pforte und nicht Ende ist.

Frater Leone, wo der Glaube fehlt, hilft auch das Zeigen nichts. Da diese Menschen in einer schwatzhaften Zeit leben und sie ihr Schwatzen mit Schwatzmaschinen noch vervielfachen und verstärken, meinen sie, was schweigt, sei tot. Die Toten schweigen, aber sie sprechen, und sie sprechen um so weniger, je mehr sie zu sagen haben. Denke doch an die Wunder unseres Herrn und an seine Auferstehung. Alle diese Zeugnisse hat die Stolzen nicht gehindert, seine Gottheit zu leugnen und an das zu glauben, was sie mit Händen fassen konnten: das Geld. Ein gläubiges Herz sieht tausendmal tiefer als alle Fern- und Nahrohre der Wissenschaft. Vater Mose sagte dem Volk Israel: Siehe, Jahwe, deinem Gott, gehören die Himmel und die Himmel der Himmel und die Erde und alles auf ihr. Solche alles übersteigende Fülle vermag nur das Herz zu fassen. Die Gescheiten blicken listig durch ihre Rohre und messen die Unermesslichkeiten des Grossen und des Kleinen mit den Unendlichkeiten des Geistes. Sie messen die Physik mit Mathematik und vergessen in der Begeisterung des Zählens, dass die Zahlen im Geist und nicht im Raum sind, also die Physik in der Mathematik und nicht die Mathematik in der Physik.

Gut, dass du da bist, Bruder Antonius. Ohne deine Gelehrtheit würden uns die Rohrherzen noch weniger glauben.

Ohne deine Liebe, Vater Franziskus, ist unsere Gelehrsamkeit ein Nichts. Ohne Liebe wäre ich ein tönendes Erz und eine klingende Schelle, wie Bruder Paulus den Korinthern sagt: Die Liebe ist langmütig, gütig ist die Liebe, die Liebe ist nicht eifersüchtig, sie prahlt nicht, ist nicht aufgeblasen. Sie handelt nicht taktlos, sie sucht nicht den eigenen Vorteil, sie lässt sich nicht erbittern, sie trägt das Böse nicht nach. Sie freut sich nicht über das Unrecht, freut sich vielmehr an der Wahrheit. Alles deckt sie zu, alles glaubt sie, alles hofft sie, alles erträgt sie.

Wenn ich diese Wissenschaft richtig verstehe, Bruder Antonius, beruhen die Irrtümer des Materialismus und deren Folgen — zum Beispiel die schreckliche Atombombe — auf einer Verwechslung und Vermischung der Sinnenwelt mit der Geisteswelt. Es wird zuviel gemacht und zuwenig gedacht. So meinen die Wissenschaftler, die an den Neodarwinismus glauben, der Mensch sei im Vergleich mit der Grösse des Weltalls ein Nichts, weil sie den Körper statt den Geist mit der Grösse der Welt vergleichen.

So ist es tatsächlich, Vater Franziskus. Das von der Materie aufgespannte Raumgeschehen des Weltalls mit seiner nach Jahrmilliarden messenden Zeit steht gegenüber dem Geist und der Seele eines einzigen Menschen in einem Verhältnis wie ein einziges Atom gegenüber der ganzen Materie des Weltalls. Die Wissenschaftler glauben, sagen zu können, wieviele Atome es in der ganzen Welt gibt; sie nennen eine Zahl mit etwa achtzig Nullen.

Aber achtzig mal null bleibt doch null?

Vor den Nullen schreiben sie eine Eins, Bruder Leone. Du siehst, dass der Geist wohl Zahlen erkennen kann, sich aber mit Zahlen nicht erfassen lässt. Der Geist kann rechnen, ist aber nicht berechenbar. Leider gibt es heute viele Wissenschaftler, die das Unmögliche mit Rechnungsmaschinen glauben erzwingen zu können. Da sie dabei ihr Denken der Maschine anpassen, betäubt die Maschine ihren Geist, und sie merken die Geistlosigkeit ihres Vorhabens nicht. Da hilft nur die Gnade der Erleuchtung durch die Barmherzigkeit des Vaters, den sie leugnen.

Deshalb wollen wir für sie ganz innig beten, damit sie sehen, was König David sah, als er mit seinem Psalm dem Vater für die Grösse der Kleinheit der Menschen dankte: *Ich schaue den Himmel, das Werk deiner Finger, den Mond und die Sterne, die du geschaffen: Was ist der Mensch, dass du seiner gedenkest! Du hast ihn fast zu einem Gotteswesen gemacht, hast ihn gekrönt mit Glorie und Glanz. Du hast ihm Macht gegeben über das Werk deiner Hände, alles hast du ihm zu Füssen gelegt: All die Schafe und Rinder und die Tiere des Feldes, die Vögel des Himmels und die Fische im Meer und alles, was dahinzieht die Pfade der Meere. Jahwe, unser Herr! Wie wunderbar ist auf der ganzen Erde dein Name!*

Es ist ja auch nicht wichtig, ob die Erde oder die Sonne oder irgend ein Stern im Zentrum der Welt steht, weil die Welt in Gott und Gott im Menschen ist. Das Zentrum ist überall.

Da du nicht mehr in deinem Eselchen bist, Frater Leone, siehst du die ganze Wirklichkeit. So werden auch die Atheisten nicht ihr ganzes Leben lang Atheisten sein, nur bis kurz nach ihrem Tod. Was du für das Ganze sagst, hat Bruder Einstein ja sogar für den materiellen Teil der Welt gesagt. Der Streit um ein Zentrum der Welt ist nichts als eine Wahnvorstellung der Habgier. Die Kraft, durch die der Vater die Welt geschaffen hat, die Liebe, kennt kein Zentrum. In ihr ist die ganze Schöpfung beschlossen.

Sei gelobt, mein Herr,
durch Bruder Wind,
durch Luft und Gewölk
und heiteres und jegliches Wetter,
wodurch Du belebst die Kreaturen,
dass sie sind.

Die Sturmnacht nimmt kein Ende; ich fürchte mich, Vater Franziskus.

Aber Bruder Leone, mach deinem Namen ein wenig Ehre! Hast du schon einmal einen so ängstlichen Löwen gesehen, Bruder Antonius?

Der Mut des Lammes ist eben grösser als der Mut des Löwen, die Demut ist stärker als der Hochmut. Die Demut ist eine Frau, der Hochmut ein Mann. Die Atombombe ist den Köpfen der Männer entsprungen — dem Hochmut, die Herzen der Frauen werden uns Rettung bringen — die Demut. Der mutigste Mensch der Welt ist eine Frau, unsere Königin, Maria, die Magd des Herrn. Mit dem Mut zur Demut wurde sie die Mutter Gottes. Wie klein und schwach waren Pilatus und Herodes in ihrem Hochmut, der stolze Römer und der schlaue Vierfürst. Wie gross und stark waren die Frauen unter dem Kreuz, seine Mutter, die Maria von Nazareth, und die Sünderin, die Maria von Magdala. Von den Männern hat nur einer gewagt, den Herrn bis zum Ende zu begleiten. Und die ersten, die dem Auferstandenen begegnet sind, waren Frauen.

Also, Löwe, sei ein wenig Lamm und fürchte dich nicht!

Dort, ganz in der Ferne, am Horizont, wird es hell!

Schau, Bruder Antonius, das jämmerliche Gebrüll wird leiser, der Löwe blökt schon ganz mutig.

Wie blau das Licht ist!

Es ist der Himmel, Gotteslamm.
Die Hoffnung.
Die Jugend!

Womit leuchtet sie in dieser Finsternis?

Mit ihrer Liebe und ihrem Glauben, mit ihrem Gebet und ihrer Arbeit.
Ora et labora, wie Bruder Benedikt vor tausendfünfhundert Jahren schon gesagt hat; Liebe und Wahrheit veralten nicht.

Gehen wir doch schnell zu diesem Licht!

Nicht so schnell, Löwenlamm; wir sind gesandt, Licht zu bringen, wo es dunkel ist. Der Hastwind der Schnellen löscht die Lampen, und in der Finsternis der Tüchtigkeit überrollen die flitzenden Räder den Nächsten. Die Liebe braucht Verweilen, ein eiliger Leib lässt seine Seele hinter sich. Es sind die vielen seelenlosen Leiber, welche in der elektrischen Lichtflut Finsternis ausstrahlen.

So finden die Wissenschaftler mit ihren langen Rohren schwarze Löcher am Himmel und keinen Stern von Bethlehem. Unsere zweibeinigen Eselchen sind den Atommenschen viel zu langsam und mühsam, sogar die schnellsten Pferde sind ihnen zu langsam und unbequem. Da sie dem Bruder Darwin glauben, haben sie das Liebe mit dem Tüchtigen ausgerottet, das Pferd mit dem Auto. Jetzt sind ihre Strassen schnell und laut und hässlich. Sie sind liebelos, weil die Liebe langsam und leise und schön ist; weil die Letzten die Ersten sein werden. Das Auto ist tatsächlich schneller als das Pferd, und weil diese Menschen glauben, schneller sei besser, meinen sie, das Auto sei ein Fortschritt.

Beim Fortschritt hängt es ja davon ab, von wo der Schritt fort führt, Bruder Antonius.

Das Pferd kann man lieben, das Auto nicht. Wer das Auto liebt, liebt etwas Totes, das die Liebe tötet. Das Auto ist ein Schritt fort von der Liebe. Nichts ist liebeloser als eine Autostrasse. Auch ist der Name eine Lüge: Das *Pferd* ist automobil, das Tier bewegt sich von selbst, nicht die Maschine. Das Auto gefällt, weil es schnell ist wie sein Name — die Lüge. Die Wahrheit ist langsam, sie braucht niemandem zuvorzukommen. Mit dem Auto sind die Menschen so schnell, dass sie damit zu Tausenden ihren Tod einholen. Aber können wir diesen Menschen einen Vorwurf machen, wenn sogar unseren Brüdern — obwohl an das Gelübde der Armut gebunden — das zweibeinige Eselchen zu mühsam und langsam geworden ist. Ja sogar die vierbeinigen Esel, einst — wegen seiner Leibesfülle — ein Privileg des Bruders Thomas von Aquino, sind ihnen zu wenig. Sie setzen sich in ihre gepolsterten Wagen mit einem halben Hundert Pferden im Motor, und der Esel sitzt am Steuer. Zum Glück brauchen sie sich nicht zu schämen, weil ja Bruder Esel bei der Geburt des Herrn ganz nahe dabei sein durfte, zusammen mit Bruder Ochs, der oft auch am Autosteuer sitzt.

Ist das Auto auch ein Wissenschaftsrohr?

Du machst Bruder Antonius lachen, Gotteslöwe.

Ja, Vater Franziskus, er fragt drollig, aber im Grunde hat er recht. Ohne die Rohre der Wissenschaft gäbe es keine Maschinen.

Ist die Maschine böse?

Deine Frage ist zu einfach, als dass sie mit Wissenschaft beantwortet werden könnte. Doch wie meinst du das, Vater Franziskus?

Bruder Joseph Bernhart, der in Deutschland die beiden grossen Kriege erlebte, sagt, die Maschinen der rohrherzigen Wissenschaft seien böse, weil diese Menschen einen deus ex machina statt eine machina ex deo wollen.

Besser kann man es nicht sagen; statt eine Maschine aus Gott wollen sie einen Gott aus der Maschine. Einen Gott, den sie sich selbst machen, bis die Maschine sich schliesslich selbst macht in der Phantasie der Molekularbiologen durch Selbstorganisation der Materie. Ihr Gott aus der Maschine ist ein Götze, der Gott leugnet. Die Maschine ist das Goldene Kalb des Atomzeitalters, sie wird denselben Weg gehen wie das Goldene Kalb der Israeliten in der Wüste. — Wer ist Joseph Bernhart?

Einer der grossen Denker des Atomzeitalters.

Ich habe ihn nicht gekannt, Vater Franziskus.

In einer ungeistigen Zeit sind viele grosse Geister wenig bekannt. Aber dass auch der gelehrte Bruder Antonius ihn nicht kennt, wundert mich.

Ich werde ihn aufsuchen und um Verzeihung bitten.

Er wird dir sagen, dass die Maschine des deus ex machina ein noch nie dagewesenes Mittel zur Ballung materieller Macht, der Macht des Armes, des Schwertes ist. Die Atombombe hat das Schwert so lang gemacht, dass damit alles Leben auf der ganzen Erde getötet werden kann. Du weisst, Bruder Antonius, die Geschichte lehrt, dass materielle Macht immer missbraucht wird. Nun gibt es nichts der Maschine vergleichbares zur Ballung materieller Macht. Die Maschine des deus ex machina ist das Werkzeug des Bösen. Die Sachzwängigkeit der Maschine duldet keine Freiheit für Gott, verführt aber die Menschen zu einer Freiheit von Gott, welche in die Gefangenschaft der Diktatur der Maschine führt — in die Technokratie. Mit ihren Sachzwängen hat die Maschine eine Wirtschaft hervorgebracht, in welcher es unmöglich geworden ist, den Sabbat zu heiligen. Somit ist das Atomzeitalter das Ende dieser Wirtschaft, denn es steht geschrieben: Wer den Sabbat nicht heiligt, ist des Todes. Selbst die ungläubigen Technokraten glauben, es sei Gott nicht möglich, so viele, so grosse und so schnelle Maschinen auszuschalten. Um sich in diesem Glauben zu bestärken, bauen sie immer mehr, immer grössere und immer schnellere Maschinen. Sie vergessen, dass der Schöpfer des Himmels und der Erde, der mit seinem Wort die Welt aus dem Nichts geschaffen hat, den ganzen Maschinengötzen mit einem Hauch in ein Nichts zurückschicken kann.

Aber Bruder Antonius, die Menschen sagen, dass das Böse immer auch seine guten Seiten habe. Das bloss Böse gäbe es so wenig wie das nur Gute.

Ja, ich weiss, Frater Leone, das sagen die Menschen. Was sagst du, Vater Franziskus?

Das Böseste am Bösen sind seine guten Seiten, denn damit entschuldigen die Menschen das Böse, und die Okkultisten versuchen es damit sogar zu rechtfertigen. Das restlos Böse, sagen alle, nein, das würden sie nie tun. Das aber gibt es nicht, dieses ganz und gar Böse, das sie nie tun würden. Was tut ein gerissener Händler, wenn er schlechte Ware verkaufen will? Er verhüllt sie mit guter Ware. Der Böse ist der gerissenste Verkäufer des Bösen. Deshalb hat etwas Böses um so mehr gute Seiten, je böser es ist. Der Böse verkauft seine Ware heute so verführerisch verpackt, dass es sogar Theologen gibt, die meinen, es könne den Teufel in dieser aufgeklärten Zeit gar nicht mehr geben. Sie meinen es gut und wollen den Menschen die Angst vor dem Teufel nehmen, liefern sie ihm aber mit dieser Beruhigung geradewegs in die Hände.

Wenn diese Theologen glauben, dass es den Teufel nicht gibt, können sie dann glauben, dass es Gott gibt?

Wer weiss, man hat ja manchmal tatsächlich Mühe, ihnen zu glauben, dass sie glauben.

Wenn es nichts Böses gibt ohne gute Seiten, gibt es dann auch nichts Gutes ohne böse Seiten?

Das, Gotteslamm, sollte jeder Christenmensch wissen. Ganz gewiss gibt es etwas Gutes, das keine einzige böse Seite hat, das nur gut ist, das Beste, das die Menschheit hat: das Evangelium unseres Herrn.

Wind, Luft, Gewölk und Wetter sind den Menschen oft Symbole der Freiheit. Aber das ist die falsche Freiheit, die Freiheit von Verantwortung statt für Verantwortung, vom Nächsten statt für den Nächsten — eben, von Gott statt für Gott. Das Evangelium bringt den Menschen die wahre Freiheit, die Freiheit der bedingungslosen Liebe, die Freiheit der Armut im Geiste, also die Freiheit des Nichtwollens von Besitz. Der Mensch ist durch die Freiheit, sich für oder gegen Gott entscheiden zu können, Mensch — den Vater zu lieben oder den Vater zu leugnen. Es ist dem Allmächtigen nicht möglich, dem Menschen diese Freiheit zu nehmen und ihm zugleich das Menschsein zu lassen. Bruder Thomas von Aquino sagt das ganz deutlich: Gott kann bewirken, dass ein Unendliches aktuell ist. Wenn aber ein aktuelles Sein der Idee des Unendlichen widerstreitet, dann kann Gott das nicht bewirken; ebenso wie er nicht bewirken kann, dass der Mensch ein unvernünftiges Wesen sei, denn das hiesse, dass Widersprechendes zugleich wäre. — Der Mensch ist deshalb ein vernünftiges Wesen, weil er als Ebenbild Gottes frei ist; er kann mit seiner Vernunft vernünftig oder unvernünftig sein, eben, sich für oder gegen Gott entscheiden. Er kann mit seiner Freiheit durch die Sünde unfrei, ein Gefangener seiner Begierden, der Triebe, des Tierischen werden. Die Triebe sind jener Befragung zugänglich, welche die Wissenschaftler Verhaltensforschung nennen. Das Tier kann zum Bösen nicht nein sagen; das Tier ist nicht frei, es kann nicht sündigen, es kann nicht böse sein. Leider schliessen manche Verhaltensforscher vom «sogenannten Bösen» des Tieres auf den Menschen, der in seiner Freiheit sowohl zum Bösen als auch zum Guten nein sagen und deshalb wirklich gut und wirklich böse sein kann. Das Tier kann nicht sündigen, weil die Freiheit Voraussetzung für den Verlust der Freiheit ist.

Um das zu wissen, muss man kein Gelehrter sein, Bruder Antonius.

Die Wahrheit ist so einfach, dass die Gelehrten sie oftmals nicht finden, weil sie meinen, etwas Einfaches könne nicht Wissenschaft sein. So begnügen sie sich meistens mit vielen Richtigkeiten. In den Geschöpfen, die — jedes nach seiner Art — im Besonderen zu wunderbaren Leistungen befähigt sind, zeigt Gott dem Menschen die Freiheit seines Daseins, zu dem er ihn als sein Ebenbild geschaffen hat. In seinem Allgemeinen trägt der Mensch alles Besondere als die Möglichkeiten seiner Freiheit in sich; er kann Lamm oder Wolf, Katze oder Schwein, Raupe oder Schmetterling sein. Er kann mit seinen geistgelenkten Händen Messer schmieden, die schrecklicher sind als die Löwenkralle, er kann Musik dichten, die das Lied der Lerche übertrifft, er kann Maschinen bauen, die tiefer tauchen als die Fische und die höher fliegen als die Vögel. Die Zurückhaltung, mit der Gott die Menschen auf die ihnen geschenkte Freiheit hinweist, ist so vornehm und fein, dass die Hochmütigen in ihrer Eitelkeit den Schöpfer nicht erkennen. Eitelkeit macht blind und Hochmut macht unfrei; der Hochmütige ist der Gefangene seiner selbst, er muss stets auf sich bedacht sein. Der Demütige ist frei von sich für Gott und für die Nächsten in der Nähe und in der Ferne. Der Demütige ist frei für die Freiheit, Gott zu dienen. Er ist frei, seinem Gewissen zu gehorchen.

Deshalb macht Gehorsam frei.

Du sagst es, Gotteslamm. Auch die Armut und die Keuschheit machen frei. Alles, was wir für Gott tun, macht uns frei. Es gibt nur eine wirkliche Freiheit, die Freiheit für Gott. Jede andere Freiheit führt in die Gefangenschaft der Sünde, ins Sklavenhaus der Begierden, weil jede andere Freiheit eine Freiheit von Gott ist. In der Freiheit für Gott ist der Mensch dem Menschen ein Engel, in der Freiheit von Gott ist der Mensch dem Menschen ein Wolf — homo homini lupus, wie die Römer gesagt haben. Sie kannten keinen Gott der Barmherzigkeit, aber einen Gott des Krieges.

Zu Beginn des Atomzeitalters hat es in einem Reich Zwangsarbeitslager gegeben, über deren Tore geschrieben stand «Arbeit macht frei». Noch nie ist in einem Land so viel gearbeitet worden wie in diesem Reich. Aber es wurde nicht für Gott gearbeitet, sondern für Götzen. So wurde schliesslich das ganze Land ein Zwangsarbeitslager; aber nicht nur dieses Land, auch alle andern Länder, in welchen für etwas anderes gearbeitet wird als für Gott. Bruder Benedikt von Nursia hat gesagt, bete und arbeite. Nur diese Arbeit macht frei; Arbeit ohne Gebet führt immer in die Zwangsarbeit. Wer für Geld arbeitet, wird ein Sklave des Geldes. Bruder Giovanni Don Bosco hat gelacht, als man von Geldsorgen sprach: Arbeite für Gott, und der Himmel bezahlt alles. Die Grösse seines Liebeswerkes beweist, dass er recht hat. Eine Arbeit, die nicht für Gott getan wird, ist sinnlos, und wenn sie noch so zweckvoll ist. Das gilt für alle Berufe, aber am deutlichsten kommt diese Wahrheit in der Theologie zum Ausdruck.

Du gehst mit meinen Kollegen hart ins Gericht, Vater Franziskus.

Du weisst, Bruder Antonius, ich habe euch immer vor allzuviel Bücherweisheit gewarnt.

Ja, Vater, die Welt wird heute durch Berge von Wissen geradezu bedroht, weil es ein Wissen ist, das zur Macht und nicht zur Weisheit führt. Es fehlt die Weisheit von Bruder Sokrates vom Wissen um das Nichtwissen. Die Menschen haben es heute viel schwerer, weise zu sein, weil sie viel mehr wissen müssen, bis sie wissen, dass sie nichts wissen. So gibt es viele, die nicht glauben, weil sie glauben zu wissen. Aber kein Wissen der Welt wird diese Welt retten, nur der Glaube an Christus und das Gebet. Eben: bete und arbeite! Noch nie war die Welt so sehr auf den Erlöser angewiesen, und noch nie hat sie so wenig an ihn geglaubt, weil sie glaubt, mündig zu sein. Ihre Vielwisserei macht sie aber eher maulig als mündig. Die Hoffnung ist beim blauen Himmel am Horizont, den man in dieser Finsternis der Scheinwerfer kaum sehen kann: der Glaube der Jugend. Ihr Gebet zu Christus wird die Menschheit durch ihn und mit ihm und in ihm vor dem Tod am Wissen allein retten. Die Wissenschaftsgläubigen sagen, dass dies nicht zu glauben sei. Es ist sehr wohl zu glauben, aber es ist nicht zu wissen. Es fehlt nicht an Wissen, es fehlt an Glauben; noch nie haben die Menschen so viel gewusst und so wenig verstanden.

Aber im Innern der Rohrherzen wissen die Wisser, dass sie nur wenig wissen, dass sie viel mehr nicht wissen, als dass sie wissen. Und weil sie das wissen und jeden beneiden, der mehr weiss als sie, wollen sie nicht an die Allwissenheit Gottes glauben. Sie wissen zu wenig, um zu glauben, weil sie glauben so viel zu wissen, dass sie nicht zu glauben brauchen.

Das sagst du gut, Gotteslöwe, wenn auch etwas holperig. Die Wisser glauben an ihr Wissen, weil sie nicht wissen, wie wenig sie wissen. Die Wissenschaftler glauben an Gott, weil sie wissen, dass sie im Vergleich zur Allwissenheit des Vaters nichts wissen. Bruder Sokrates war ein Wissenschaftler; leider gibt es heute viel mehr Wisser als Wissenschaftler. Wegen ihrer Besserwisserei können sich die Wisser unseren allwissenden Vater nicht vorstellen und glauben, dass es etwas, das in ihren Köpfen keinen Platz hat, nicht geben könne. Wegen ihres rohrförmigen Denkens wissen sie nicht, dass eine Freiheit für Gott ihre Herzen so gross und weit machen würde, dass die ganze Welt darin Platz fände, weil dann Gott Wohnung darin nähme.

Auch weil die Menschen rauchen, haben sie es heute schwerer, an die Allwissenheit des Vaters zu glauben.

Wie meinst du das, Bruder Leone?

Sie können nicht glauben, dass Gott weiss, welchen Weg die Rauchschwaden nehmen, die sie aus Mund und Nase blasen, weil sie von der Wissenschaft wissen, dass der Rauch aus unzähligen winzigen Tröpfchen besteht, und Gott somit die Bahn eines jeden Tröpfchens wissen muss.

Vater Franziskus, es hat tatsächlich etwas für sich, was Frater Leone da sagt. Schau, dort sitzt ein Theologe an seinem Schreibtisch und sinnt über die Allwissenheit Gottes und bläst den Rauch seiner Zigarette in die Studierstube. Die Luftströmungen zeichnen mit dem Rauch ein ununterbrochen wechselndes Labyrinth von wunderbar sich ineinander verflechtenden Zirkulationen, die mit keiner Physik vorauswissbar sind. Und doch weiss der Vater den Weg eines jeden einzelnen Rauchteilchens, wie er auch weiss, welche Haare heute aus dem Rand der Glatze des Theologen fallen werden, der in Hinsicht auf die Allwissenheit Gottes eine Prädestinationstheologie ausdenkt und dabei vergisst, dass der Vater nicht nur allwissend, sondern auch allbarmherzig ist. Begreiflicherweise kann sich ein materialistischer Naturwissenschaftler mit seinem rohrförmigen Denken und seiner Quanten- und Wellenmechanik nicht vorstellen, dass unser Vater den Weg eines jeden Teilchens im Rauch einer jeden auf der ganzen Erde gerauchten Zigarette ebensogut kennt, wie den Flug der Wolken mit ihren Myriaden von Nebeltröpfchen. Das heisst nicht, dass Gott alles, was er wissen kann, auch wissen will oder gar wissen muss. Gott ist die Freiheit selbst. Die Unvorstellbarkeit dieser Tatsache ändert nichts an der Tatsache. Die Allwissenheit Gottes ist nicht wissbar, aber sie ist glaubbar. Die Welterklärer massen sich an, das Wissen Gottes mit ihrem Wissen zu vergleichen, und da kann Gott nicht allwissend sein. Die Kraft des Glaubens steht viele Grössenordnungen über den Möglichkeiten der Wissenschaft. Das gilt besonders für die Theologie, wo in erster Linie mit Gott und nicht über Gott gesprochen, also mehr gebetet und weniger geredet werden soll. So kommt es, dass Menschen, die etwas zu sagen haben, wenig reden.

Es ist ja auch besser, mit den Menschen statt über die Menschen zu reden. Das erste verbindet, das zweite trennt die Menschen. So ist es auch mit Gott: Theologie ohne Gebet führt von Gott weg. In diesem Atomzeitalter gibt es Theologen, welche die Wunder, ja sogar die Auferstehung des Herrn für einen Mythos halten, weil so etwas naturwissenschaftlich nicht möglich sei. Auf unserer Wanderung durch die Rohrherzen haben wir auch Theologen angetroffen, die von einer Gott-ist-tot-Theologie sprechen.

Aber Vater Franziskus, wie ist das möglich, wo doch Gott das Leben ist!

Siehst du, Gotteslöwe, wohin die Menschen kommen, wenn sie über statt mit Gott reden. Sie verwechseln das Leben mit dem Tod, und wenn dann dieser ihr lebendiger Tod sie tötet, klagen sie Gott an.

Aber einen lebendigen Tod kann es doch so wenig geben wie trockenes Wasser.

Natürlich hast du recht, Gotteslöwe, aber im Atomzeitalter sind die Wissenschaftler zu Behauptungen fähig, die sie sich selbst nicht vorstellen können. Was sagst du, Bruder Antonius?

Den lebendigen Tod haben die Molekularbiologen mit ihrer Selbstorganisation der Materie erfunden, indem die tote Materie von selbst lebendig werden soll. Er ist deshalb der lebendige Tod, weil er bei lebendigem Leib den Geist tötet. Etwas Geistloseres als die Selbstorganisation der Materie gibt es nicht, weil zur Erklärung der Gestalten- und Farbenfülle der Schöpfung, der Blütendüfte und des köstlichen Geschmacks der Früchte, der Schönheit des Vogelliedes nichts anderes übrig bleibt als der von chemischen und physikalischen Gesetzen beherrschte Zufall beim Zusammenstoss von Atomen. Schaut da am Wegrand diese strengen, aber lebendigen Gestalten der Hände und Schwerter der Blätter, die Feigen und die Agaven, die geordnete und ungeordnete Zufälligkeit ihrer Lage im Raum, die im Wind tanzenden Flecken von Schatten und flimmerndem Sonnenlicht, die starre Ordnung der Kristalle im Gemäuer, alles, alles ist Gottes Werk und Wille. Ein Werk der Liebe; es gibt keine grössere Liebesgeschichte als die Schöpfungsgeschichte. Erst seit der intellektuellen Eitelkeit der modernen Naturwissenschaft gibt es Menschen, die sich nicht vorstellen können, dass kein Blatt sich im Wind bewegt, ohne dass der Vater es wissen kann. Allwissenheit Gottes bedeutet nicht, dass Gott alles wissen muss, sondern dass er alles wissen kann, was er wissen will. Das können die Wissenschaftler nicht fassen, denen es ergeht wie Bruder Goethe, der seinen Bruder Faust klagen lässt:

O glücklich, wer noch hoffen kann,
Aus diesem Meer des Irrtums aufzutauchen!
Was man nicht weiss, das eben brauchte man,
Und was man weiss, kann man nicht brauchen.

Die Allmacht Gottes gibt seinem Allwissen die Macht, etwas nicht wissen zu wollen. Auf dieser Macht der Allwissenheit Gottes beruht die Freiheit seines Ebenbildes, des Menschen. Die Materialisten können sich die Allmacht der Barmherzigkeit Gottes allerdings nicht vorstellen, weil sie den Geist Gottes mit ihrem mechanistischen Denken vergleichen, in dessen Enge die Grösse Gottes tatsächlich keinen Raum findet. Da Gott die Naturgesetze geschaffen hat, ist er auch an diese nicht gebunden. Auf dieser Freiheit Gottes beruhen die Wunder Christi. Die Liebe der Menschen vermag Berge zu versetzen, die Liebe Gottes vermag ganzen Sternenwelten um der Menschen willen Licht zu gebieten. Der Materialismus ist ein Widerspruch in sich selbst, weil er nichts Materielles, sondern etwas Geistiges ist. Er ist, wie die Philosophen immer wieder sagen, die Leugnung des Geistes durch den Geist. Der Materialismus ist jenes Geistige, das heute die Materie zu dem formt, das diesem Geistigen entspricht: die Hässlichkeit als das Antlitz des Materialismus. Die Liebe äussert sich in den Harmonien und Symmetrien der Lebensformen, in der Schönheit, dem Antlitz der Liebe. Die Hässlichkeit des Materialismus äussert sich in den erstarrten Reissbrettlinien, die auch den Technokraten zu kalt geworden sind, so dass sie die Erstarrung mit Asymmetrien und Beliebigkeiten aufzulockern versuchen. Ein Beispiel ist die Kapelle von Bruder Le Corbusier, dem Erfinder der Wohnmaschine, dessen Anmassung vorläufig noch bewundert wird. Materialisierte Formlosigkeit, die durch erstarrten Betonbrei versteinert werden kann. Bruder Dostojewskij sah die Verwüstung kommen und sagte, dass die Schönheit die Welt retten wird. Keine Betonwüste ist so hart, als dass die Liebe sie nicht mit den Wurzeln des Lebens sprengen könnte.

Schau, Gotteslamm, wie recht Bruder Antonius hat! Dort sprengen die Wurzeln einer Eiche einen Bunker. Eichen wachsen langsam, aber Letzte werden Erste sein. Wie schön das gemauerte Gewölbe da ist. Beton ist wegen der Charakterlosigkeit des Breis nie schön, nicht einmal als Ruine. Schönheit ist vom Alter unabhängig. Das gilt auch für die Schönheit der Menschen, die eine Schönheit der Seele ist. Ein Kunstwerk ist daran zu erkennen, dass es auch als Ruine oder Fragment noch schön ist. Das ist bei keiner Maschine der Fall, deshalb gibt es keine schönen Maschinen. Die Schönheit der Technik ist die Schönheit der Hure, deren Hässlichkeit im Alter deutlich wird — die alte Hure Babylon.

Das sind harte Worte aus deinem Mund, Vater Franziskus; als ich einst so sprach, hast du mich Milde gelehrt.

Ich weiss, Gotteslöwe, aber die Gefahr der Maschine ist so gross geworden, dass das Lamm heute lauter blöken muss. Aber schaut, die Hoffnung wächst, das Licht am Horizont wird heller. Die Jugend betet! Hört!

Herr Jesus Christus, hilf uns, Christophori zu sein. Hilf uns zu leben und zu arbeiten, dass alle Anerkennung und Liebe, die man uns entgegenbringt, Dir gelten, und dass alle Ablehnung und aller Hass, die man uns entgegenbringt, auch Dir gelten, der Du in uns und im Nächsten lebst. Hilf uns, sowohl Anerkennung und Liebe als auch Ablehnung und Hass so hinzunehmen, wie Du sie in Deiner Menschheit hingenommen hast. Amen.

**Sei gelobt, mein Herr,
durch Bruder Wasser,
der so nützlich ist,
gering
und köstlich
und keusch.**

Vater Franziskus, als wir noch auf der Erde wanderten, war es kalt zur Winterszeit und finster. Aber solcher Kälte und Finsternis wie in diesen Rohrherzen sind wir nicht einmal in den Schluchten der Abruzzen begegnet. So lang und hart ist kein Weg gewesen.

Hörst du, Bruder Antonius, schon wieder ist unser Löwe zuwenig Lamm. Wegen ein bisschen Kälte ist er bereit, seine Mähne gegen ein wollenes Halstuch scheren zu lassen. Frater Leone, kein Weg ist zu lang und zu hart, wenn er ein Heimweg ist. Und wenn die Liebe Weggefährtin ist, sind alle Wege Heimwege — dann führen alle Wege zu Gott. Friede ist allweg in Gott, war der Gruss des Bruders Niklaus von Flüe, als Menschen bei ihm in seiner Klause Rat suchten. Auch die engsten Atomherzen können durch Liebe so gross und weit gemacht werden, dass die Menschen ihren Heimweg finden. Die Rohrherzen versperren die Sicht auf den Heimweg, weil sie Schuldmikroskope sind, mit welchen die Menschen einander anschauen und dabei die Schuld beim andern vergrössern, ohne die eigene Schuld zu sehen. Wie der Herr gesagt hat: Was siehst du aber den Splitter im Auge deines Bruders, doch den Balken in deinem Auge nimmst du nicht wahr? — Die Schuld des andern schwindet in dem Mass, wie man die eigene Schuld erkennt. Einen andern Weg zum Frieden gibt es so wenig wie einen Menschen guten Willens, der bei sich keine Schuld finden kann.

Und wenn die Menschen weder bei den andern noch bei sich eine Schuld finden, richten sie ihre Rohrherzen gegen den Himmel und suchen die Schuld bei Gott. Die Theologen sehen sich veranlasst, Gott gegenüber den Übeln der Welt zu rechtfertigen und nennen das Theodizee. Wenn jeder die Schuld bei sich selbst suchen würde, könnten sich die Gottesgelehrten diese und manch andere raffinierte Arbeit ersparen.

Aber Bruder Antonius, schon vor der Rohrwissenschaft haben sich die Menschen die Schuld gegenseitig und Gott zugeschoben.

Recht hast du, Gotteslamm. Aber mit den Rohren haben sie aus der Schuldverschiebung eine Wissenschaft gemacht — die Psychologie.

Ist das Bruder Freude?

Das ist zuviel gesagt, er heisst Freud und war zur Zeit, wo die Chemie ein Riese wurde, Arzt in Wien. Diese Art von Grösse hat die Erfolgssüchtigen angeregt, die Methoden der Chemie zu übernehmen: die Analyse. Von den Erfolgen der Naturwissenschaft getragen, wandte Freud die Zerteilung auf das Unteilbare an — auf die Seele — und schuf den Widerspruch in sich selbst: die Psychoanalyse. Sein galliger Wiener Zeitgenosse, Bruder Kraus, meinte bärbeissig, die Psychoanalyse sei jene Krankheit, für deren Therapie sie sich hält. Die bis heute anhaltende Begeisterung für die Analyse beruht auf der Tatsache, dass sowohl beim Teilbaren als auch beim Unteilbaren stets Teile entstehen, mit dem Unterschied allerdings, dass beim Unteilbaren durch die Analyse die Ganzheit unwiederbringlich zerstört wird. Das Wesen der Ganzheit, also das Wesen des Lebendigen, kann mit der Analyse nicht erfasst werden. Die bei der Psychoanalyse entstehenden Teile sind deshalb wissenschaftlich erfassbar, weil das Wesen der Seele, die von der Liebe vereinte und verinnigte Ganzheit, nicht mehr vorhanden ist. Alles was den Menschen in seinem Wesen betrifft, besonders die Liebe, ist mit der modernen Wissenschaft nicht erfassbar, weil sie auf der Analyse beruht.

Zerlegt der Riese auch Menschen?

Welcher Riese, Frater Leone?

Die Chemie.

Ach so. — Nein, das kann man nicht sagen. Die Chemie zerlegt Stoffe.

Also bloss die Kleider?

Nein, Gotteslamm! Materie überhaupt, zum Beispiel Wasser.

Aber Wasser kann man doch nicht zerlegen! Wasser bleibt doch Wasser, auch wenn ich einen ganzen Eimer in feine Tropfen zerspritze.

Vater Franziskus, unser Gotteslöwe ist gar nicht so dumm. — Das haben wir auch nie gesagt, Gotteslamm! — Er hat gar nicht so unrecht. Die Chemiker wissen sehr gut, wie sie tun, aber sie denken zu wenig darüber nach, was sie tun. Da leiten sie im Laboratorium elektrischen Strom ins Wasser, wobei zwei Gase entstehen, die sie Wasserstoff und Sauerstoff nennen. Aber die Chemiker ziehen daraus nicht einen logischen Schluss, sondern einen Kurzschluss, indem sie sagen, das Wasser bestehe aus Wasserstoff und Sauerstoff. Das lernen heute bereits die Kinder in der Schule. Und das ist falsch. Wasser besteht nicht aus Wasserstoff und Sauerstoff, sondern diese Gase entstehen bei der Analyse des Wassers. Zwischen diesen beiden Feststellungen besteht ein Unterschied, der so gross ist wie der Unterschied zwischen den Fragen *Wie* ist Chemie? und *Was* ist Chemie?. Das Wie fragt nach der Menge, dem Quantum, der Quantität. Also wie gross? oder wie viel?. Das Was fragt nach dem Wesen der Stoffe; das Was ist Wasser? fragt nach dem, das Wasser zu Wasser macht — nach der Qualität der Stoffe.

Das Wasser macht doch das Wasser zum Wasser; wissen das die Wissenschaftler nicht?

Jene, die bloss nach dem Wie fragen, wissen es nicht, Frater Leone. Das mag dir merkwürdig vorkommen, aber es ist leider so. Mit der Analyse, dem Werkzeug der Rohrwissenschaft, mit dem die Chemie ein Riese geworden ist, können nur die Quantitäten, nicht aber die Qualitäten der Stoffe erfasst werden. Deshalb sehen sich die Materialisten gezwungen, zu behaupten, die Qualitäten seien nichts anderes als — immer sagen die Materialisten: nichts anderes als — eine Summe von Quantitäten. Bei der Anwendung der Analyse lösen sich die Qualitäten auf, und es bleiben nur die Quantitäten als messbare Mengen. Das aus dem Griechischen kommende Wort Analyse bedeutet ja auch Auflösung. In der Psychologie werden die Methoden der Chemie auf den Menschen angewendet, und das ist deshalb gefährlich, weil die Psychologen es nicht wissen. Sie wären erstaunt, wenn wir ihnen das sagen würden, und da sie das Staunen verlernt haben, würden sie es ganz einfach bestreiten. Aber wenn man die Wurzeln auch nicht sieht, es gibt sie trotzdem. In der Psychoanalyse wird die Seele in eine Summe von Verhaltensweisen aufgelöst. Der Mensch *ist* nicht mehr, sondern er verhält sich. Die Psychologen machen aus seinem Sein ein Verhaltensmuster und vergleichen dieses womöglich noch mit dem Verhalten von Tieren. Oder anders gesagt, der Mensch wird solange vereinfacht, bis er wissenschaftlich erklärbar ist. — Bin ich zu hart, Vater Franziskus?

Vor allem mit deinen Kollegen, den Theologen, gehst du immer wieder hart ins Gericht.

Vielleicht habe ich zuwenig betont, dass die Wissenschaftsgläubigen unter ihnen gemeint sind, die zuwenig oder gar nicht beten, weil sie vor lauter Wissenschaft keine Zeit dazu haben. Leider sind das heute sehr viele.

Nun, Bruder Antonius, der Herr wird diesen Wie-Wissenschaftlern verzeihen; ohne ihn wären sie allerdings dem Gericht verfallen. Auf Golgotha, wo die Menschen auch bloss gewusst haben, wie sie tun, hat Christus am Kreuz für sie gebetet: Vater, vergib ihnen, denn sie wissen nicht, was sie tun. — Das Schlimmste ist die Eitelkeit, mit der die Wie-Wissenschaftler ihre Spekulationen als wissenschaftlich bewiesene Tatsachen verbreiten. Sie lassen ihre Welterklärungen schneller drucken, als sie denken können, um ihre geistigen Eigentümer sicherzustellen. Spätestens nach hundert Jahren wären manche dieser Welterklärer froh, solches Eigentum los zu sein. Aber die denken ja nicht in Generationen, sondern bloss in Nobelpreis-Perioden, und als gläubige Materialisten meinen sie sowieso, in hundert Jahren seien sie nirgends mehr. Bruder Antonius, du weisst, ich habe immer vor den Büchern gewarnt. Wohlverstanden, ich habe sie nicht abgelehnt, aber ich habe zur Vorsicht mit Büchern gemahnt. Wenn ich mir nun die Bücher der Chemie und der Physik anschaue, so muss ich sagen, so etwas gab es noch zu keiner Zeit. In diesen Büchern kommen überhaupt keine Menschen vor, aber aus diesen Büchern ist die Atombombe hervorgegangen. Ich lese da, alles sei Chemie und Physik, und somit seien auch die Menschen nichts anderes als — schon wieder: nichts anderes als — eine komplizierte Summe aus Chemie und Physik. Soviel ich weiss, nennen das die Menschen von der Rohrwissenschaft eine objektive Welt.

Was ist das, Vater Franziskus?

Bruder Antonius kann dir das besser sagen.

Eine Welt ohne Menschen.

Aber es gibt doch nur eine Welt mit Menschen.

Bei ihrer objektiven Welt denken sich die Wissenschaftler die Menschen weg.

Aber die Wissenschaftler sind doch auch Menschen.

Gewiss — und?

Dann müssten sich diese Wissenschaftler selbst wegdenken, das kann niemand.

Recht hast du, Gotteslamm! Die objektive Welt dieser Wissenschaft existiert nur in den Gedanken von Menschen, die sich die Menschen wegdenken, aber um sich die Menschen wegzudenken, müssen Menschen vorausgesetzt werden, die das denken.

Das verstehe ich nicht, mir dreht sich alles im Kopf.

Somit hast du es verstanden, Frater Leone. Die Philosophen nennen das einen Zirkel, einen Teufelskreis oder auf lateinisch einen circulus vitiosus. Auf den Drehungen dieses Zirkels beruht der ganze Materialismus. Weil beim Wasser der Chemiker die Menschen weggedacht sind, ist ihr Wasser bloss das Totengerippe des lebendigen Wassers, von welchem der Herr am Jakobsbrunnen der Frau aus Samaria berichtet hat. Oder das Wasser im Psalm: Der Herr ist mein Hirte, nichts wird mir mangeln; er lässt mich lagern auf grünen Auen und führt mich zum Ruheplatz am Wasser. Wie Vater Franziskus sagt, kommen in den Büchern der Chemiker und Physiker keine Menschen vor, höchstens die Namen der Erfinder, um sie zu rühmen. Das ist schlimm. Aber noch schlimmer ist, dass Gott nicht vorkommt und sein Name nicht gepriesen wird. Es sind gott- und menschenlose Bücher. Die Folgen sehen wir auf unserer Wanderung durch die Rohrherzen. Mit diesen Büchern einer Welt ohne Menschen und ohne Gott haben die Rohrwissenschaftler aus der Materie eine Kraft entfesselt, mit welcher sie das verwirklichen können, was in ihren Büchern steht: eine Welt ohne Menschen. Mit der Atombombe können sie nicht bloss die Leben, sondern auch das Leben töten. Wegen dieser Macht glauben tragischerweise die Menschen eher den Männern im Labormantel als den Männern im Priestergewand. Alle diese dicken Bücher haben den Fehler, dass sie nicht mit dem Anfang beginnen: bei Gott. Es sind Bücher ohne die Ursache der Bücher: die Menschen als Gottes Ebenbild. Was keinen guten Anfang hat, führt zu keinem guten Ende. Ohne der Ursache ihrer Wissenschaft auf den Grund zu gehen, betreiben sie Wissenschaft. Aber das ist keine Wissenschaft, sondern bloss eine Tätigkeit — allerdings eine emsige und fleissige. Die Naturwissenschaftler sind die Werkzeuge eines Machens, das sie Messen nennen. Dabei meinen sie, die Fähigkeit, Machbares machen zu können, sei ein Beweis für die Wahrheit ihres Tuns. Ihre Laboratorien, die sich mit immer verwickelteren Instrumenten füllen, werden immer mehr zu Labyrinthen, in welchen sie sich verirren. Du weisst ja, Vater Franziskus, wie leicht die Lüge machbar und wie schwer die Wahrheit lebbar ist. Auch hier gilt: Die grossen Lügen sind in viele gute Seiten verpackt.

Was sollen diese Wissenschaftler tun, Bruder Antonius?

Du sagst es, Vater Franziskus, sie sollen tun, und nicht bloss machen. Tun ist viel mehr als machen, tun ist beten und arbeiten. Ohne mich könnt ihr nichts tun, hat der Herr gesagt. Die Technokraten meinen, das sei recht gewesen für die Zeit der Kamele, jedoch nicht für die der Automobile. Aber die Wahrheit veraltet nicht, denn: Eher fährt ein Automobil durch ein Nadelöhr, als ein Reicher in den Himmel. Nun, auch die andere Wahrheit ist nicht veraltet: Bei den Menschen ist es nicht möglich, aber bei Gott ist alles möglich. Die Technokraten wollen mit dem vielgutseitigen Geschenkpapier des Teufels die Welt verbessern: die Zerstörungen der Maschine mit mehr, schnelleren und grösseren Maschinen wieder gutmachen. Die Welt kann nicht schneller verbessert werden, als die Eltern ihre Kinder zur Liebe erziehen können, zu Menschen, die beten und arbeiten. Heute wollen viele Jugendliche nicht arbeiten, weil Arbeit ohne Gebet sinnlos ist. Aber sie haben bloss arbeiten und nicht auch beten gelernt.

Schau, Bruder Antonius, dort, wo Licht in die Rohrherzen dringt, lehrt Schwester Lienert, eine junge Lehrerin, ihre Kinder beten. Frater Leone hat sich dazugesetzt und spricht mit:

Gott mein Vater
Dich will ich lieben
aus ganzem Herzen
mit grosser Freude.

Gott mein Vater
zu Dir will ich beten
in Stunden des Lichtes
und auch des Dunkels.

Gott mein Vater
Dir will ich dienen
in tiefer Ehrfurcht
und Dankbarkeit.

Gott mein Vater
Dir will ich geben
all mein Tun
mein ganzes Leben.

Gott mein Vater
Dir will ich danken
dass Du mich annimmst
so wie ich bin.

Der Horizont hellt sich auf! Das Licht der von Gebeten durchwobenen Arbeit wird sichtbar. Es ist die Jugend, die aus den Kindern wird, die beten lernen. Die Herzen dieser Jugend werden stärker sein als alle Maschinen. Um dieser Kinder willen wird Gott die Atombomben entschärfen, und wenn er die Gesetze der Kernkräfte ändern muss, damit diese entsetzlichen Sprengköpfe zu harmlosen Basteleien werden. Es gibt nichts, das die Liebe und die Barmherzigkeit des Vaters nicht vermöchte. Daran glaubst du doch, Gotteslöwe?

Ich brauche es nicht zu glauben, ich weiss es, Vater Franziskus.

Was fällt dir ein, Gotteslamm! Du darfst nicht hinüberschauen! Du bist jetzt hier auf der Erde in den Herzen der Menschen, du stehst am Ufer des Rheins. Schau, wie Bruder Antonius die gewaltige Strömung studiert.

Wenn man die Mannigfaltigkeit des Wassers betrachtet, Vater Franziskus, so sieht man auf einen Blick, dass die Chemie bloss das Totengerippe der Stoffe erfasst. Sie macht die Materie toter, als sie ist. Da sagen die Chemiker, der Wasserstoff sei der einfachste Stoff. Schau dir das Wasser an! Es gibt nichts Mannigfaltigeres unter den Stoffen. Ohne Wasser wären die Gestaltenvielfalt und die Farbenpracht der Schöpfung nicht möglich. Ohne Wasser gibt es kein Leben. Wer es im Überfluss hat, vergisst das gerne. Die Ansicht, dass der Wasserstoff der einfachste Stoff sei, beweist die Unzulänglichkeit der Rohrwissenschaft mit ihren Analysenrohren. Zum Messen und Rechnen ist der Wasserstoff am einfachsten, das allerdings stimmt. Aber nur der kleinste Teil der Welt ist mess- und berechenbar — beim Wasser nur sein Totengerippe, wie es in den Büchern der Chemiker abgebildet ist. Sie nennen das Totengerippe der Stoffe Moleküle. Zum Messen und Rechnen einfacher, heisst nicht in Wirklichkeit und schon gar nicht in Wahrheit einfacher. Ein toter Mensch ist zum Berechnen und Messen viel einfacher — aber der Körper allein ist nicht der Mensch. Die moderne Naturwissenschaft wird an ihren Vereinfachungen zum Zweck des Messen- und Berechnenkönnens zugrundegehen. Schon ist ihr Ende absehbar.

Was werden die Chemiker nach dem Ende tun?

Was die Kirche zur Klärung des Geistes empfiehlt: fasten. Bei dieser — wenn auch erzwungenen — Übung werden sie das werden, was sie über ihren vollen Fleischtöpfen meinen heute schon zu sein: wirkliche Wissenschaftler.

Was ist ein wirklicher Wissenschaftler?

Einer, der so fragt wie du, Vater Franziskus, einer der nach dem Was und nicht bloss nach dem Wie fragt. Das Wasser dieser Wie-Chemiker ist kein Wasser mehr. Rieche bloss, wie es in der Rohrherzenwelt überall stinkt und an vielen Orten schon tot ist. Aber für die Materialisten ist der Tod kein Beweis für das Gift in ihrem Denken. Sie suchen in den Geschöpfen nur ihren Nutzen und sehen nicht die Liebe des Schöpfers, welche er in der Schönheit der Geschöpfe zum

Ausdruck bringt. Sie nützen Bruder Wasser bis zum letzten Tropfen aus und lassen ihn für Geld Elektrizität mahlen. Und was tun sie mit der Elektrizität und ihrer Wandelbarkeit, mit dieser blitzschnellen Kraft, mit der der Zauberer von Babel den Menschen vortäuscht, alles sei machbar. Ohne Elektrizität keine Atombombe. Wegen dieser grössten aller Gefahren hat der Böse die Elektrizität in so viele gute Seiten verpackt. Beten wir für die Menschen, dass sie beten und den hohen Preis für die Elektrizität nicht bezahlen müssen. Die Schönheit der Schöpfung ist ein Spiegel für das Antlitz Gottes. Nun zerschlagen die Menschen den Spiegel und sagen, es gäbe keinen Gott, denn man könne ihn nicht sehen. — Warum lachst du, Frater Leone?

Diese Menschen glauben nur, was sie sehen können; aber was man sehen kann, braucht man nicht zu glauben.

So ist es, Gotteslamm. Aber sie glauben auch an etwas, das man weder anfassen, noch sehen, hören, schmecken oder riechen kann: an die Mathematik. Nun ist es aber gerade die Mathematik, die grosser Demut bedarf, weil der Hochmütige sie mit blossem Rechnen verwechselt. Deshalb waren alle grossen Mathematiker gläubige Menschen. Bruder Cantor hat gesagt, die Fächer der Mathematik seien Stufen, die zum Throne Gottes führen. Die meisten der heutigen Naturwissenschaftler sind an Hochmut und Eitelkeit schwer erkrankt. Weil sie Rechnen mit Mathematik verwechseln, glauben sie zu wissen, berechnen zu können, was sein wird. Mit dem Mut zur Demut würden sie ihre Unzulänglichkeit sehen und eingestehen, dass sie das Wichtigste nicht berechnen können: Ort und Zeit ihres Todes und ihr Sein in der Raum-Zeitlosigkeit nach dem Tod. Die Mathematik ohne Demut — also ohne Gebet — ist der Mörtel, mit welchem die Wissenschaftler den Turm von Neu-Babylon bauen, der einzig von ihrem Hochmut überragt wird. So ist die moderne Naturwissenschaft ein Riesenunternehmen zur Entgöttlichung der Welt, und somit ist ihr Ende absehbar geworden. Leider sind im Atomzeitalter modern und materialistisch als synonym zu betrachten. Das wird sich in der Zukunft bessern, wo modern und christlich ohne einander nicht denkbar sein werden. Und immer wieder muss ich als Theologe betonen, dass nicht die wissenschaftsgläubigen

Wissenschaftler die Rückständigsten sind, sondern die wissenschaftsgläubigen Theologen. Bei den ersteren ist eine Bekehrung zur Wahrheit leichter, weil sie etwas von Wissenschaft verstehen.

Wieder gehst du hart ins Gericht mit deinen Kollegen, Bruder Antonius!

Ich weiss, Vater Franziskus, aber ich habe allen Grund! Die wissenschaftsgläubigen Theologen sind die eigentliche Gefahr für den Glauben an Gott, weil man ihnen nicht glauben kann, dass sie glauben. Da schau dich um unter den gläubigen Wissenschaftlern; für sie gibt es nichts Unglaubwürdigeres als einen Theologen, der an die Wissenschaft glaubt. Natürlich waren die Theologen ohne Gebet, also jene, die über statt mit Gott reden, schon immer eine Ursache für die Gottlosigkeit. Deshalb, Vater Franziskus, die harte Kritik. Die grösste Verantwortung tragen eben die Theologen, somit ist der Theologenhochmut der gefährlichste Hochmut. Da ist zum Beispiel ein besonders verheerender Wissenschaftsglaube in die theologischen Fakultäten eingebrochen, der Glaube an die Hypothese von einer Evolution der Lebewesen. Diese Spekulationen können manch Richtiges beinhalten. Jedoch behaupten die Wissenschaftsgläubigen, es handle sich dabei um wissenschaftlich bewiesene Tatsachen, obwohl die Methoden der modernen Naturwissenschaft absolut nicht anwendbar sind: die Messung und die Berechnung sowie die Wiederholbarkeit des Experiments. Die Evolutionsspekulationen sind ohne Mut zur Demut gefährlich. Ohne die sokratische Weisheit des Wissens um das Nichtwissen beherrschen bald Hochmut und intellektuelle Eitelkeit die Szene und bieten dem Menschen die Selbstgefälligkeit der Selbstwerdung seiner selbst durch die sogenannte Selbstorganisation der Materie an. Zu solcher Selbstbefriedigung bieten die Molekularbiologen eine ganze Reihe von Rezeptbüchern an. — Schon wieder lachst du, Frater Leone?

Das kann doch keine Wissenschaft sein, wo das Selbst sich selbst macht.

Und wiederum hast du recht, Gotteslöwe. Aber leider glauben diese Molekularbiologen dem Bruder Münchhausen, dass er sich an den eigenen Haaren selbst aus dem Sumpf gezogen hat. Wenn sie auch wissen, dass das für den Körper nicht möglich ist, meinen sie, das Unmögliche sei für ihren Geist möglich, weil er auch das Unmögliche denken kann. Wie du siehst, schützt Wissenschaft vor Torheit nicht. Alle diese Evolutionshypothesen beinhalten die Gefahr, dass der Schöpfer in eine unvorstellbar ferne Vergangenheit gerückt wird und dadurch dem Menschen eine Handhabe gibt, sich in seinem Denken von Gott zu entfernen. Deshalb, Vater Franziskus, gefallen dem Bösen alle Evolutionstheorien. Auch jene von Bruder Teilhard de Chardin.

Siehst du, Gotteslamm, was wären wir in dieser Welt der Forschungsrohre ohne unseren gelehrten Bruder Antonius aus Padua, der Stadt, wo später auch Bruder Galilei gewirkt hat. Ich denke an Schwester Chiara Lubich, die den Namen meiner Chiara von Assisi trägt. Sie sagt, der Weg zum Vater sei wie die Strahlen der Sonne. Die Sonne sei das Symbol des göttlichen Willens, der Gott selbst ist. Je mehr sich die Strahlen der Sonne nähern, desto mehr nähern sie sich untereinander. Auch wir, je mehr wir uns Gott nähern mit der immer vollkommeneren Erfüllung des Willens Gottes, um so mehr nähern wir uns untereinander. Bis wir alle eins sein werden.

Die hohe Frau Sonne scheint den Weg zu Gott!

So ist es, meine Brüder. Je mehr wir Gott lieben, um so mehr lieben wir auch einander, weil Christus in jedem Menschen lebt. Wenn wir den andern lieben, lieben wir Christus in ihm. Aber! — Wenn wir den andern hassen — und das ist das Schreckliche am Hass! — so hassen wir Christus. Darin besteht das Geheimnis des höchsten Gebots, des Liebesgebots, an welchem — wie der Herr sagt — das ganze Gesetz und die Propheten hangen.

Das Schlimmste am Wirken der wissenschaftsgläubigen Theologen ist ihre Dialektik bei der Auslegung der Worte des Herrn. Höre, Vater Franziskus, was Bruder André Frossard im Gespräch mit Papst Johannes Paul II. sagt: Die Bibel muss sich seit einiger Zeit eine schlimme Behandlung gefallen lassen. Wollte man gewissen Kommentatoren Glauben schenken, so wäre Vorsicht geboten bei allem, was in diesem heiligen Buch steht — nur nicht bei den Fussnoten, die sie selber verfasst haben. Die Bibel würde also weniger dazu dienen, Gott als vielmehr die Exegeten kennenzulernen.

Meinst du, dass daran auch die Rohrwissenschaft beteiligt ist?

Vater Franziskus, im Atomzeitalter beruht alle Wissenschaftsgläubigkeit auf der Autorität der Naturwissenschaft, die eine Autorität der materiellen Macht der Maschine ist. Das Machenkönnen der Technokraten verführt die Menschen, zu glauben, auch der Mensch sei schliesslich machbar. Schau dort drüben in dem ganz engen Rohrherzen. Da behauptet ein wissenschaftsgläubiger Mediziner, der wegen seiner Wissenschaftsgläubigkeit bloss Mediziner und nicht auch Arzt ist, die genetische Manipulierbarkeit des Menschen durch den Menschen beweise, dass der Mensch keines Schöpfers bedürfe. Vielleicht versteht er die Unlogik seiner Ansicht mit Hilfe des Automobils: Die Manipulierbarkeit des Automotors durch einen mittelmässigen Mechaniker beweist, dass das Auto keines Erfinders bedurfte.

Das ist aber dumm, das glaubt dir niemand, Bruder Antonius!

Und noch einmal hast du recht, Gotteslöwe! Niemand glaubt, dass das Auto keinen Erfinder hat, aber Millionen glauben, dass der Mensch keinen Schöpfer hat.

Das ist noch dümmer; warum glauben sie das?

Aus Hochmut, weil sie keinen Vater haben wollen. Alles wollen sie selbst machen, sogar sich selbst.

Und die Wunder des Herrn?

Oh du Gotteslamm! Auch diese sind von den Wissenschaftlern längst erklärt. Und wie zu erwarten war, haben die wissenschaftsgläubigen Theologen ihnen die Erklärungen abgekauft. Aber was die Naturwissenschaft anbelangt, so ist für sie — wenn sie ehrlich ist — das Leben ein Wunder. Die wunderbare Brotvermehrung unseres Herrn und die alljährliche Brotvermehrung auf den Kornfeldern sind für die Wissenschaft Wunder, weil beides physikalisch-chemisch nicht erklärbar ist. Mit ihren Nahrohren vergrössern die Wissenschaftler die Lebewesen und finden kleine Zellen. Aber in einem kleineren Raum ist das Geheimnis des Lebens nicht kleiner, weil das Leben nicht im Raum wohnt. Die Zellen sind eine Folge des Lebens, und nicht umgekehrt. Was die Chemie und Physik anbelangt, ist eine Zelle nicht einfacher als das ganze Lebewesen, weil das Leben mehr ist als Chemie und Physik. Diese sind für das Lebewesen wohl notwendig, aber sie sind nicht hinreichend. Chemie und Physik reichen nicht einmal aus, um sich selbst zu verstehen, weil sie eben nichts Chemisches und nichts Physikalisches sind — sondern Gegenstände des Menschen. Die wunderbare Brotvermehrung auf den Kornfeldern können die Wissenschaftler nur dann erklären, wenn sie Spekulationen für bewiesene Tatsachen verkaufen. Das tun sie leider sehr oft, aber das ist keine Wissenschaft, sondern Glaube an die Wissenschaft. Zu den treuen Käufern von wissenschaftlichen Spekulationen gehören — ich muss es noch einmal sagen, Gott sei es geklagt — die wissenschaftsgläubigen Theologen. Besser würden sie glauben, was Bruder Augustinus sagt: Es heisst wohl, dass alle Wunder gegen die Natur sind, aber sie sind es nicht. Denn wie kann gegen die Natur sein, was nach Gottes Willen geschieht, da doch der Wille des erhabenen Schöpfers die Natur jeglichen Geschöpfes ist? Ein Wunder geschieht also nicht gegen die Natur, sondern gegen die uns bekannte Natur. Das, was hinsichtlich der Natur der Dinge allen bekannt ist, ist nicht weniger wunderbar als die sogenannten Wunder und müsste bei näherer Betrachtung alle zum Staunen hinreissen. Aber die Menschen sind gewohnt, das Wunderbare nur zu bewundern, wenn es selten ist.

Sei gelobt, mein Herr,
durch Bruder Feuer,
durch den Du erleuchtest die Nacht.
Sein Sprühn
ist kühn, heiter ist er,
schön
und gewaltig stark.

Was ist das, Vater Franziskus? Unser Gotteslöwe kommt angerannt, als ob der Teufel hinter ihm her wäre!

Hilfe! Vater Franziskus, Hilfe!

Was ist, Frater Leone?

Das Licht Luzifers!

Wo?

Dort, schaut doch, ganz grell — und kalt! Ein kaltes Licht, Vater Franziskus, ein kaltes Feuer, das das Herz verbrennt. Mit den Augen sieht man alles schneidend scharf, und mit dem Herzen sieht man nichts. Eine blendend helle Finsternis! So etwas habe ich noch nie gesehen. Bruder Antonius, was ist das?

Elektrizität.

Das kann sie doch nicht sein — nein, Bruder Antonius!

Warum denn nicht?

Weil Wuptizität fröhlich macht.

Ach so! Du denkst an Bruder Allegro, der mit seiner Frohnatur tanzte und sie Schwester Wuptizität genannt hat. Was du dort gesehen hast, Gotteslamm, das ist Elektrizität.

Was ist das?

Du hast recht, es ist das Licht des Bösen, mit dessen Kälte er die Herzen der Menschen verbrennt. Beim Bruder Wasser haben wir schon gesehen, dass die Elektrizität der Weg zur Atombombe ist.

Weil die Atombombe das Böse ohne gute Seiten ist, hat der Böse der Elektrizität unzählige gute Seiten gegeben.

Dort, wo ich weggerannt bin, hat ein Dogmatikprofessor gesagt, dass auch die Atombombe ihre guten Seiten habe. Da hat ein Student einen Schalter gedreht, und der Hörsaal wurde mit kaltem, flimmerndem Licht überflutet.

Und wie stellt sich Bruder Professor das vor?

Man könnte mit Atombomben Berge wegsprengen und Täler machen, um Flüsse umzuleiten. Die Wissenschaftler haben auch schon einen Namen dafür: Unternehmen Pflugschar. Das sei doch im Sinne der Bibel, sagte der Professor, wo Schwerter in Pflugscharen verwandelt werden.

In der Tat, Gotteslöwe! Du konntest nichts Besseres tun, als weglaufen. Siehst du, Vater Franziskus, es gibt nichts Schlimmeres als wissenschaftsgläubige Theologen.

Wir wollen für sie beten.

Die Atombombe ist der Gipfel aller bösen Taten, die die Menschen je vollbracht haben, und nichts hat so viele gute Seiten wie der Weg zu ihr: die Elektrizität. Eine tiefere Sackgasse gibt es nicht in der Geschichte der Menschheit. Nur die Busse führt da hinaus, die Umkehr. Da werden die Letzten die Ersten sein, und das Geheimnis dieses Wortes unseres Herrn wird offenbar. Die Länder, welche durch die Elektrizität die reichsten geworden sind, werden schon bald die ärmsten sein. Das ist eine frohe Botschaft, weil materielle Armut ein Weg zu seelischem und geistigem Reichtum ist. Ich meine unsere Armut, Vater Franziskus, das Bündnis mit dem Reichtum Gottes.

Ja, in den Rohrherzen blendet die Finsternis mit blanker Münze. Zu unserer Zeit hat es selbst in den Palästen der Reichen nicht so geflimmert und geblinkt.

Das ist das Metall, das von den Technokraten in masslosen Mengen der Mutter Erde entrissen wird. Ohne Metall keine Elektrizität. Bruder Stalin wusste, was es bedeutet, als er sagte, Russland müsse metallisiert werden, um Bruder Lenins Rechnung in die Tat umsetzen zu können: Sowjetsystem plus Elektrizität gleich Sozialismus. Das Netz, mit welchem der Böse die Menschen fangen will, ist das elektrische Stromnetz, welches er bereits über die ganze Erde ausgeworfen hat, und in welchem sich die Menschen dem Komfort hingeben. Aber sein Netz wird zerreissen, weil die Netze, mit welchen die Apostel des Herrn und ihre Nachfolger Menschen fischen, stärker sind. Der Böse hat sein Netz so fein geknüpft, dass nur die Armen durch die Maschen zu schlüpfen vermögen, so dass immer wieder das Wort des Herrn von den Letzten und den Ersten gilt.

Wo werden diese Letzten die Ersten sein?

Auf dem Weg in die höchste aller Kulturen, Löwenlamm, ins verwirklichte Christentum.

Was werden die Menschen mit dem Feuer des Bösen tun?

Die Elektrizität wird verschwinden und mit ihr die ganze Technik des Atomzeitalters, welche die Wunder der Schöpfung zerstört. Dass die meisten Menschen sich das nicht vorstellen können, weiss ich schon. Aber das ändert an der Zukunft nichts. Schon immer konnten sich die Menschen die Zukunft nicht vorstellen, sonst hätten sie den Propheten geglaubt. So konnten sie sich auch das Atomzeitalter nicht vorstellen. Die Technokraten vergessen, dass alle Kulturen der Weltgeschichte ohne Elektrizität aufgebaut worden sind, ja, dass eine der Voraussetzungen dieser Kulturen das Fehlen der Elektrizität gewesen ist. Das beweist das Atomzeitalter, welches — ein Produkt der Elektrizität — als eine blosse Zivilisation von der Kultur des christlichen Abendlandes übriggeblieben ist. Deshalb werden die Menschen einmal wissen, dass der Verzicht auf Elektrizität eine, wenn auch nicht hinreichende, so doch notwendige Voraussetzung für das Bestehen einer Kultur ist. Wie die Askese — über die man im Atomzeitalter den Kopf schüttelt — überhaupt ein wichtiger Kulturfaktor ist. Im Gegensatz zu allen früheren Kulturen wissen die Menschen im verwirklichten Christentum um die Existenz der Elektrizität, aber sie werden in Erinnerung an das Unglück des Atomzeitalters aus Liebe auf diese Kraft verzichten. In der Grösse dieses Verzichtes besteht nicht zuletzt die Höhe der kommenden Kultur. Statt dieses Feuer des Bösen werden die Menschen die Technik errichten, die auf den Gesetzen des Lebens beruht und nicht — wie heute — bloss auf den Gesetzen der Chemie und der Physik, welche die Gesetze der toten Materie sind. Das Feuer dieser Technik wird das Feuer des Lebens sein, das Feuer der Liebe — die Herzenswärme. Im verwirklichten Christentum wird die Liebe stärker sein als der Hass, das Gute wird über das Böse siegen, die Wahrheit wird der Lüge das Maul stopfen.

Du meinst das himmlische Jerusalem, die neue Welt?

Nein, Frater Leone, das meint Bruder Antonius nicht; er meint die Kultur, die wir mit unserer Armut im Reichtum der Schöpfung verwirklichen wollen, so wie es Bruder Eugen Mederlet gesagt hat.

Ja, diese Kultur meine ich mit dem verwirklichten Christentum, die Zivilisation der Liebe, die «neue Erde», wie Papst Johannes Paul II. den Armen in Korea gesagt hat. Leider gibt es immer wieder Theologen, die behaupten, eine solche Verwirklichung der Botschaft Christi sei nicht möglich, und wir hätten auf das himmlische Jerusalem zu warten. Begreiflicherweise sind es jene Theologen, die im Wohlstand leben und behaglich auf das himmlische Jerusalem warten können. Die neue Welt wird es erst nach der Wiederkunft des Herrn geben, in der auch wir als Auferstandene mit einem verklärten Körper leben werden. Aber in Behaglichkeit darauf zu warten, dürfte nicht der Weg sein, von welchem der Herr gesprochen hat. Im verwirklichten Christentum wird es immer noch Tod und Leiden geben, aber den Sterbenden werden Liebende beistehen, und die Leidenden werden in dieser Kultur hoch geachtet sein, entsprechend dem hohen Sinn, den der Herr dem Leiden in seiner Passion gegeben hat. Das verwirklichte Christentum wird noch in dieser Welt sein, aber durch die christlichen Tugenden alle vorausgegangenen Kulturen überragen: durch Glaube, Hoffnung und Liebe. Selbstverständlich werden auch die den Heiden erreichbaren Kardinaltugenden nach wie vor ihren hohen Wert haben: Weisheit, Tapferkeit, Mässigkeit und Gerechtigkeit. Bruder Thomas Morus wollte mit seinem Land Utopia zeigen, wie schwer die Verwirklichung des Christentums ist, indem er Utopia bloss auf die vier Kardinaltugenden der Heiden baute. Bruder Staatsminister Hans Meier sagt sehr schön, dass Bruder Morus mit seinem utopischen Staat nicht sagen wollte, es genüge, ein anständiger Mensch zu sein, damit man auch ein Christ sei. Er wollte vielmehr der Versuchung vorbauen zu meinen, man müsse nur ein Christ sein und könne sich damit ersparen, ein anständiger Mensch zu sein. Oder wie Bruder Raymond Chambers sagt: Die Tugenden des heidnischen Utopia bekommen ihren Glanz durch den Gegensatz zu den Lastern des christlichen Europa. Die vier Kardinaltugenden sind eine Hilfe, kein Ersatz für die christlichen Tugenden. Thomas Morus wollte mit Utopia nicht sagen, dass Heidentum besser sei als Christentum. Er wollte sagen, dass viele Christen schlimmer seien als Heiden.

Und noch etwas ist wichtig, Bruder Antonius: Im verwirklichten Christentum wird das Wort des Herrn an die Ohren aller Menschen gelangen können, damit vor seiner Wiederkunft alle Menschen, die hören wollen, hören können. Das Salz der Erde wird dann jeden Ort der Erde würzen. Aber es wird auch Salz geben, das schal geworden ist. Doch schaut dort! Wieder hat sich der Horizont der Geschichte aufgehellt. Es sind die Herzen der Jugend, die im Feuer der Liebe strahlen. Ihre Arbeit wird immer mehr Gebet, und ihr Gebet wird immer mehr Arbeit. Wenn die Atombombe tatsächlich eine gute Seite haben sollte, dann diese: Das Militär hat seine jahrtausendealte Gloriole verloren; die Männer ziehen nicht mehr singend in den Krieg, und die Frauen wollen keine strammen Soldaten mehr. Es ist wie du sagst: der Materialismus geht unter, und die Menschen machen sich auf den Weg ins verwirklichte Christentum. Die Gestade der Frohen Botschaft leuchten in die elektrische Finsternis des Atomzeitalters. Der liebevoll besorgte Papst Paul VI. sagte: Ich blicke auf die Welt, die so voll Traurigkeit über so viele Übel ist: Der Atheismus überfällt einen Teil der Menschheit und zieht hinter sich die Störung der intellektuellen, moralischen und sozialen Ordnung, deren wahre Kenntnis die Welt verliert. Während das Licht der Naturwissenschaft wächst, verdunkelt sich die Wissenschaft von Gott und infolgedessen auch die wahre Wissenschaft vom Menschen. Während der Fortschritt die Werkzeuge aller Art, über die der Mensch verfügt, wunderbar vervollkommnet, fällt sein Herz in die Leere, die Traurigkeit, die Verzweiflung hinab. — In den zwanzig Erdenjahren, die seit diesen schmerzensreichen Worten des Heiligen Vaters verstrichen sind, ist in den Herzen der Menschen allem Bösen zum Trotz die Hoffnung gewachsen. Um dem Herrn zu helfen, das Licht am

Horizont unauslöschbar zu machen, sind wir in die Rohrherzenwelt gekommen.

Das Licht ist ja schon ganz hell, und wir wissen doch, dass die Hoffnung nie erlöschen wird. Können wir nicht schon jetzt zurückkehren, Vater Franziskus?

Gotteslöwe, ich habe dir schon gesagt, dass du nicht hinüberschauen darfst. Für uns ist das ein Zurückschauen, und der Herr hat gesagt: Niemand, der seine Hand an den Pflug legt und zurückblickt, ist tauglich für das Reich Gottes. Bruder Antonius, schon wieder haben wir mit unserem Löwen Sorgen, weil er zuwenig Lamm ist.

Ich verstehe seine Angst, Vater Franziskus, denn wenn er ungehorsamerweise zurückschaut, sieht er durch diese Rohrherzenwirrnis hindurch eine Zukunft, die viel Hoffnung braucht: Je mehr Maschinen die Menschen bauen, um so berechenbarer wird die Welt, die sie sich machen. So können die Techniker etwa berechnen, wie viel Elektrizität Neu Babylon im Jahr 2000 nach der Geburt des Herrn brauchen wird. Dabei vergessen sie — wie Bruder Hans Urs von Balthasar sagt —, dass in ihrer Rechnung das Wichtigste fehlt, weil es nicht berechnet werden kann. Nämlich, ob Neu Babylon im Jahr 2000 überhaupt noch Elektrizität braucht, weil es ihnen ergehen könnte wie dem Mann, der die Jahre berechnete, die er von seinem Vorrat leben kann, und dem der Herr gesagt hat: Du Narr, diese Nacht noch wird man dein Leben von dir fordern; wem aber wird gehören, was du aufgespeichert hast? — Es wäre vermessen, zu meinen, Neu Babylon könne von Gott nicht zurückgefordert werden, weil es so gross ist. Diese Ungewissheit für Neu Babylon ist eine frohe Botschaft, weil vor Gott die Kleinen und Armen gross und reich sind. Das ist das Licht am Horizont — aber es leuchtet nicht für Neu Babylon. Die Lüge der Technokraten besteht nicht in dem, was sie sagen, sondern in dem, was sie verschweigen. Für jede ihrer guten Seiten müssen sie viele böse Seiten verschweigen. Im Raum dieser stillen Lüge konnte das Böse ungehindert wachsen. Die Rechnungen der Wissenschaftler waren richtig, aber sie sind nicht wahr. Mit einer Unzahl von richtigen Rechnungen haben sie die grösste Lüge der Weltgeschichte hervorgebracht: die Atombombe. Jetzt wird beklagt, was voraussehbar gewesen, aber um des Profits willen durch Schweigen geleugnet worden ist. Jetzt haben die Menschen nicht mehr vor dem Unbekannten, sondern vor dem Berechenbaren Angst.

Zum Licht am Horizont gehört auch das mit dem Mut zur Demut im Gebet aufgeopferte Leiden von vielen Menschen. Die Sinngebung des Leidens entscheidet die Zukunft; die Sinnfülle der wirtschaftlichen Nutzlosigkeit der Leidenden ist eine gnadenbringende Kraft. Von ihr hängt es letztlich ab, ob die Menschheit von der Katastrophe verschont bleibt, der sie selbstverschuldet entgegengeht, weil sie mit der Habgier ihrer gottlosen Wirtschaft die Schöpfung ausplündert. Die Tragödie des Materialismus besteht in der Tatsache, dass die Technokratien auch mit dem, was sie eine friedliche Anwendung der Technik nennen, dem Untergang entgegensteuern. Meine lieben Brüder, leider ist die Wahrheit dem gehetzten Drehen dieser Maschinerie verborgen: Ein einziger Mensch, der sich durch sein Leiden mit Christus verbindet, tut für die Zukunft der Menschheit mehr, als alle Technokraten der Welt, die ja mit ihrem Tun das Übel nur noch vergrössern, weil ohne Gebet jede Arbeit sinnlos ist. Die Tüchtigen dieser Welt meinen und behaupten, zum Beten keine Zeit zu haben. Sie weisen auf ihre Erfolge, ohne zu wissen, dass diese nur möglich sind, weil andere Menschen — die sie vielleicht gar nicht kennen — für sie beten. Nur das Schlechte kann ohne Gebet getan werden. Aber auch für jene, die Böses tun, wird gebetet. Ohne das aufopfernde Gebet von vielen Stillen und Unbekannten könnten die Träger des Bösen keinen Tag am Leben bleiben. Wer meint, es wäre besser, nicht für sie zu beten, damit sie sterben und keinen Schaden mehr anrichten, denkt nicht christlich. Jeden Tag, an dem ein Träger des Bösen lebt, kann er seine Freiheit verwenden, um sich Gott zuzuwenden und ein Träger des Guten werden. Die Beter sehen, dass ein Übeltäter nicht böse, sondern ein Diener des Bösen ist und ihm durch die Kraft des Gebets die Gnade der Umkehr und Busse gewährt werden kann. Schau, Frater Leone, dort schreibt die gelähmte Dichterin Magdalena Dietl Verse über die Zeit, die die Menschen nicht zu haben glauben — die Zeit zum Beten. Seit ihrer Kindheit ist sie an den Rollstuhl gebunden und hat mit ihrem Werk und dem Opfer ihres Leidens durch unvergängliche Werte der Vergänglichkeit dieser Welt mehr geholfen als Bruder Edison mit allen seinen Erfindungen. Die vielen Früchte des Leidens und des Gebets werden die Menschen erst nach dem Atomzeitalter erkennen. Im verwirklichten Christentum werden die leidenden Menschen hoch verehrt sein, sie werden zu den wertvollsten der Gesellschaft gehören. Die Nichtleidenden werden wissen, dass sie nur durch die Opfer der Leidenden bestehen können. Der Herr hat durch sein Leiden das Leiden nicht aus der Welt geschafft, aber er hat dem Leiden einen tiefen Sinn gegeben, den Sinn des Opfers für den anderen — den höchsten Sinn des menschlichen Daseins: die Nachfolge Christi als die grösste Liebe, die einem Menschen möglich ist. Das unbegreifliche Geheimnis der bedingungslosen Liebe war den Juden ein Ärgernis und den Heiden eine Torheit. Die Wahrheit ist langsam und beständig, die Lüge ist schnell und flüchtig. Gotteslöwe, geh hin und schau der Schwester Magdalena über die Schulter und sag uns, was sie schreibt.

Die Sonnenuhr

Kaum merklich sank die Sonn' im Lauf,
Die Uhr schlug eins. Ich schaute auf,
Zu suchen, wo die Stimme sei,
Die stark mich rief . . . da schlug es zwei.

Ich sah dich heil und ohne Trug,
Und als die dritte Stunde schlug,
War sanft dein Antlitz über mir,
Mich tröstend . . . leise pocht es vier.

Pocht es schon fünf? Wie rinnt die Zeit
So rasch hin in die Ewigkeit.
An diesem späten Sommertag!
Horch! War das schon der sechste Schlag?

Ach, schon der siebte! Wer bemisst
Die Frist, die unser Leben ist?
Wir wollen wirken, eh' es Nacht,
In reinem Gutsein — es schlägt acht.

Dass wir am Ende nichts bereu'n,
Lass uns in Liebe dienen! — Neun!

Lass uns in Seiner Ordnung steh'n
Fraglos und gläubig. — Es ist zehn!

Wie dankbar ich dein Dasein fühl' —
Elf! — Sag, was weht der Wind so kühl?
Ist's Mitternacht? Ich weiss es nicht.
Wir steh'n vor Gottes Angesicht.

Der uns in Seine Nähe rief.
Zwölf Schläge hallen, fern und tief.

Vater Franziskus! Schwester Magdalena hat gefühlt, dass ich ihr über die Schulter schaue. Sie hat sich umgedreht und mich und euch gesehen. In ihren Augen sieht man, dass sie uns gesehen hat.

So ist es, Gotteslamm. Wer mit dem Herzen sieht, strahlt aus den Augen. Mit ihrem Zeitgedicht sieht Schwester Magdalena, dass die Zeit gekommen ist, wo Gott den Menschen die Rechnung für ihren Materialismus macht. Um diese Rechnung bezahlen zu können, müssten die Menschen Zeit haben. Aber sie haben keine Zeit, weil sie die Zeit in Geld verwandeln. So können sie die Zeit-Rechnung Gottes nicht bezahlen. Gott wird ihnen in seiner Barmherzigkeit das Geld wegnehmen, damit sie wieder Zeit haben, ihre Schuld zu bezahlen. Oft und immer wieder hat der Herr den Menschen auf ihrem Irrweg in die Hetze des Materialismus gesagt: Kommt mit mir, folgt mir nach! Die Menschen haben gesagt: Wir haben keine Zeit. Sie bauten, um Zeit zu haben, Eisenbahnen, Automobile und Flugzeuge. Aber mit der Zeit erging es ihnen wie mit dem Geld: Je mehr sie mit ihren Maschinen zusammenrafften, um so mehr wollten sie davon haben. Sie hörten auf den Fürsten dieser Welt, der ihnen sagte: Zeit ist Geld. Jetzt können sie die Zeit-Rechnung Gottes nicht bezahlen, weil sie nur Geld haben, aber keine Zeit. Und bald kommt der Tod und sagt: Kommt mit! Die Menschen sagen ihm dasselbe, was sie dem Herrn gesagt haben: Wir haben keine Zeit. Da sagt der Tod: Das macht nichts, ich habe für euch viel Zeit — eine ganze Ewigkeit. Das ist eine frohe Botschaft, weil Gott durch seine Menschwerdung — arm an Geld und reich an Liebe — in seiner Auferstehung dem Tod den Stachel genommen hat. Um an der Auferstehung teilzuhaben, müssen wir — so sagt Bruder Angelus Silesius — dem Kind von Bethlehem eine Krippe sein:

Wird Christus tausendmal zu Bethlehem geboren
Und nicht in dir, du bist noch ewiglich verloren.

Und weil die Zeit dazu nicht durch Geschwindigkeit gewonnen werden kann, ruft der Bruder aus Schlesien:

Halt an, wo läufst du hin? Der Himmel ist in dir;
Suchst du Gott anderswo, du fehlst ihn für und für!

Wenn die Menschen auf deinen Ruf gehört hätten, Vater Franziskus, wären sie jetzt reich an Zeit und arm an Geld; sie hätten unseren unermesslichen Reichtum. Die Zeit Gottes ist eben eine andere Zeit als die Zeit der Maschinen, mit welchen Bruder Feuer von den Erfindern zum Sklavendienst gepresst worden ist. Die Welt ist aber kein Mechanismus, wie viele Wissenschaftler immer noch meinen. In ihren Laboratorien bauen sie Apparate, mit welchen sie in ihren Köpfen einen Weltmechanismus zusammensetzen, der — immer in ihren Köpfen — mit verwirrender Geschwindigkeit läuft und funkelt und blendet, dass sie die Welt — in der sie wirklich leben, die Schöpfung — überhaupt nicht mehr sehen. Ihre Weltmechanik ist für sie wirklicher als die Wirklichkeit. Nur eine von der Barmherzigkeit Gottes gewährte Gnade kann die Materialisten aus ihrer Verblendung retten. Aber Gnade ist mit Wissenschaft nicht zu erlangen, dazu bedarf es mehr: des Gebets. Und weil die Hochmütigen nicht beten, müssen wir in ihren Rohrherzen für sie beten. Wir müssen auch dafür beten, dass alle Christen für sie beten. Anders können wir den verrohrten Herzen nicht helfen.

So war es beim Schwerwasser-Max; weil sein Vater dich, Bruder Antonius, verehrt hat, wurde er mit dem zweiten Namen nach dir getauft. Als sein Namenspatron hast du ihn in dein Gebet eingeschlossen und damit das Gebet von vielen Menschen für ihn wirksam gemacht. Bruder Professor Max-Anton weiss das und schreibt in sein Tagebuch: Ich bin sicher, dass für mich viel gebetet worden ist. Anders hätte ich die Gnade nie erlangen können, mit dem Herzen im Lichte des allerheiligsten Herzens Jesu in der Schönheit der Schöpfung die Liebe des Vaters und das Leben des Heiligen Geistes zu sehen. Christus hat mir in Erhörung der Gebete meiner Mitmenschen die Augen des Herzens geöffnet. Ich bin diesen Menschen — die ich vielleicht gar nicht kenne, und die mich vielleicht auch nicht kennen

— in Zeit und Ewigkeit dankbar! Auch wenn ich sie nicht kenne und sie mich nicht kennen, kennt Gott uns alle und verbindet uns durch das Gebet nicht nur miteinander, sondern auch füreinander. Ich fühle, wie wir in Christo füreinander da sind in bedingungsloser Treue. Eine grössere Liebe gibt es nicht. Christus, gib mir Kraft und Liebe, für meine im Materialismus erstarrten Kollegen zu beten, dass auch ihnen die Gnade gewährt wird, die mir Unwürdigem gewährt worden ist.

Aber der Schwerwasser-Max-Anton ist doch aus der Kirche ausgetreten, Vater Franziskus.

Das stimmt, Gotteslöwe. Aber vor einigen Jahren, es war zu Beginn des Pontifikats von Johannes Paul II., ist er wieder eingetreten. Der Herr hat gesagt: Erbarmen will ich und nicht Opfer; denn ich bin nicht gekommen, Gerechte zu berufen, sondern Sünder. Durch die Sünde mit den Materialisten verbunden, weiss Bruder Professor, wie wir beten. Aber nun ist es am besten, wir lassen den gelehrten Bruder Antonius beten, damit es auch für die Professoren verständlich ist.

Jesus Christus, mein Herr und mein Gott, Herrscher des Weltalls, erleuchte die Materialisten, damit sie sehen, dass ein Mechanismus, der das Wachsen auch nur eines kleinen Krautes nachvollziehen könnte, grösser sein müsste als die ganze Erde und somit von einer Kompliziertheit wäre, dass nichts anderes voraussehbar wäre als eine ununterbrochene Folge von Pannen.

Die Mechanismen zur Behebung der Pannen wären dann noch umfangreicher als der Krautmechanismus selbst, und diese Pannenbehebungsmechanismen bräuchten wiederum Pannenbehebungsmechanismen und so fort. Das ganze Weltall hätte zu wenig Raum, um auch nur einen einzigen Krautmechanismus aufzunehmen, weil er mit den Pannenbehebungsmechanismen einen Teufelskreis bildet. Das kann auch nicht anders sein, weil der Materialismus an sich auf Zirkelschlüssen beruht. Das hat Bruder Immanuel Kant in Königsberg schon gesehen, als der Materialismus von der Aufklärung in die Wiege gelegt wurde. In seiner Kritik der teleologischen Urteilskraft schreibt er: Es ist nämlich ganz gewiss, dass wir die organisierten Wesen und deren innere Möglichkeit nach bloss mechanischen Prinzipien der Natur nicht einmal zureichend kennenlernen, viel weniger uns erklären können; und zwar so gewiss, dass man dreist sagen kann, es ist für Menschen ungereimt, auch nur einen solchen Anschlag zu fassen, oder zu hoffen, dass noch etwa dereinst ein Newton aufstehen könne, der auch nur die Erzeugung eines Grashalms nach Naturgesetzen, die keine Absicht geordnet hat, begreiflich machen werde; sondern man muss diese Einsicht den Menschen schlechterdings absprechen.

Ach Bruder Antonius, das mit dieser Mechanik ist mir leid. Bei diesem Maschinenwesen sieht alles so berechenbar aus. Dabei ist nichts so voller List und Tücke wie diese mit Maschinen vollgestopfte Welt. In diesen verschlungenen Rohrherzen kann hinter jeder Biegung eine Tüchtigkeit lauern, vor der ich Angst habe. Gehen wir lieber zurück in die Schluchten der Abruzzen.

Siehst du, Vater Franziskus, schon wieder fehlt unserem Löwen der Mut des Lammes. So sind die Löwen eben, sie wollen mit dem Blut der anderen, statt mit dem eigenen Blut siegen. Aber als Gotteslamm weisst du, dass nur der das Leben gewinnt, der es um der Liebe willen hingibt. Doch was die List und Tücke anbelangt, triffst du ins Schwarze, Frater Leone. Das Wort Mechanik stammt vom griechischen mechané, was soviel heisst wie List, Tücke oder auch Vorrichtung, um ein Tier zu fangen. Bruder Francis Bacon, der zur Zeit von Bruder Galilei in England war, hat gesagt, der Mensch müsse die Natur im Laboratorium überlisten und wenn nötig auf die Folter der Forschungsinstrumente spannen. Jetzt, im Atomzeitalter, stirbt die Natur an diesen Folterungen. Aber aus der vom Gebet getragenen Arbeit der kommenden Generationen wird eine Naturforschung der Liebe hervorgehen, wo nicht mehr die Neugierde, sondern die Sehnsucht die treibende Kraft der Forschung sein wird. Die Neugierde — das Geflüster der Schlange — sucht ihre Befriedigung in der Anwendung von List; die Sehnsucht hingegen — der Ruf Gottes — findet ihre Erfüllung in der Liebe. Die Neugierde ist eben keine Tugend, wie viele Wissenschaftler heute meinen, sie ist und bleibt Sünde. Die Neugierde macht den Menschen glauben, er dürfe alles wissen, was er wissen kann. Das ist der grosse Irrtum der Wisser und Besserwisser, die das Ziel der Wissenschaft in einer Alleswisserei sehen. Ein Wissenschaftler aber weiss, dass er nicht alles wissen darf, was er wissen kann, so wie er auch weiss, dass er nicht alles tun darf, was er tun kann. Diese Moral liegt leider ausserhalb der Denkdimensionen der Wisser und Macher des Atomzeitalters. In der kommenden Kultur werden die Menschen mit Entsetzen auf all das zurückblicken, was ihre Vorfahren zu wissen und zu machen sich erlaubt haben.

Die Neugierde wurzelt direkt in der Ursünde, im Hochmut, und es ist der Hochmut, der sie den Menschen im Spiegel der Eitelkeit als eine Tugend vorgaukelt.

Gewiss, Vater Franziskus. Wenn man die Neugierigen darauf aufmerksam machen will, dass sie nicht alles wissen dürfen, was sie wissen können, reden sie empört von einem sacrificium intellectus. Also von einem Opfer des Geistes, das einem intelligenten Menschen nicht zugemutet werden könne. Aber in der Zeit eines Geistes, der die Atombombe hervorgebracht hat, ist ein Opfer dieses Geistes eine Lebensnotwendigkeit. Neben dem Fasten an körperlicher Nahrung ist zur Sühne für die intellektuellen Masslosigkeiten der modernen Naturwissenschaft auch ein Fasten an Wissen erforderlich. Begreiflicherweise sind das für einen Materialisten zwei sinnlose Forderungen. Die Wirklichkeit besteht aber nicht bloss aus Materie, wie selbst der Materialismus beweist, der ja nichts Materielles, sondern etwas Geistiges ist: die Leugnung des Geistes durch den Geist. Erst in der verklärten Materie nach der Wiederkunft des Herrn, unter dem neuen Himmel, auf der neuen Erde, wird kein Opfer von Materie und von Geist mehr nötig sein. Aber bis dahin sind diese Opfer eine Existenzfrage der Menschheit, und es ist gut, dass es viele Menschen gibt, die diese Opfer bringen. Opfer, die um so wertvoller sind, je grösser die Esslust, je grösser die Wissgier ist. Deshalb sind jene die grössten Wissenschaftler, welche die grössten Opfer des Geistes bringen. Also jene, die viel mehr wissen könnten, als sie schon wissen, die aber auf das Wissen zu Gunsten des Denkens verzichten. Im Bereich des Leiblichen schaden sowohl zuwenig als auch zuviel Nahrung der Kraft des Körpers; so auch im Bereich des Geistigen, wo sowohl zuwenig als auch zuviel Wissen der Kraft des Denkens schaden. Die grossen Denker sind nie Vielwisser. Die Beter und die Faster werden die Zukunft der Menschheit entscheiden, die Liebesfähigen,

nicht die Wissgierigen. Allerdings: Ohne Gebet ist auch das Fasten sinnlos, so wie die Arbeit ohne Gebet sinnlos ist. Fasten ohne Gebet führt zu einem Selbsthass, der schliesslich alle jene hasst, die nicht fasten. Die fanatischen Asketen haben dem Christentum mehr geschadet als die fröhlichen Zecher. Aber nur mit Beten und Fasten werden alle Menschen genügend Nahrung haben, und, was noch wichtiger ist, Liebe, ohne die alle Wissenschaft sinnlos ist, und wenn sie noch so von Zwecken strotzt. Für die Herzenslogik von Bruder Blaise Pascal, dem grossen Wissenschaftler, ist das sacrificium intellectus eine selbstverständliche Notwendigkeit; nur der Stolz der ausschliesslichen Kopflogik meint, es sei dies ein Opfer, das von einem Wissenschaftler nicht verlangt werden kann.
Solange das Herz den Kopf beherrscht, gehört ein Verzicht auf Wissen zur Weisheit. Im Atomzeitalter, in dieser Zeit, wo mit Wissenschaft viel Geld verdient wird, drängt sich die Frage auf, ob es sich bei dieser Unzumutbarkeit weniger um ein sacrificium intellectus als vielmehr um ein sacrificium pecuniae handelt — also um ein Opfer des Geldes.

Das könnte man doch leicht feststellen, Bruder Antonius! Man müsste den Wissenschaftlern nur noch die Hälfte des Geldes geben, das sie mit der Wissenschaft verdienen; und dann die Hälfte der Hälfte und von dieser Hälfte noch einmal die Hälfte. Jenen, die dann bei der Wissenschaft bleiben, ist das sacrificium intellectus etwas wert.

Das ist ebenso gut wie einfach gesagt, Gotteslöwe. Weil die Wissenschaftler das Einfache nicht mögen, werden sie sagen, es sei eine Torheit. Nicht ohne Grund hat Bruder Erasmus ein Buch über das Lob der Torheit geschrieben.

Wenn die gescheit sind, die die Atombombe gemacht haben, bin ich gerne dumm.

Was unser Löwenlamm da sagt, Bruder Antonius, ist die Weisheit jener Torheit, der Bruder Erasmus sein Buch gewidmet hat. Leider besitzen viele Wissenschaftler die Weisheit nicht, welche den Heiden eine Torheit ist: die Weisheit des Herrn. Sie meinen genügend zu wissen, um zu wissen, dass es keinen Vater im Himmel gibt. Und doch könnten sie wissen, dass Gott in seiner Allbarmherzigkeit mit seiner Allmacht seine Allwissenheit dann etwas nicht wissen lassen will, wenn er damit die Freiheit des Menschen antasten würde.

Ja, Vater Franziskus, dabei besteht das Wissen, mit welchem sie wissen wollen, dass es keinen Schöpfer gibt, letztlich in dem Riesenmechanismus zur Behebung der Pannen des Pannenbehebungsmechanismus für die Pannen des Grashalmwachstumsmechanismus. Die Spekulanten der Selbstorganisation der Materie verstehen sich auf das Zauberkunststück, diese Weltmaschine in der Winzigkeit der Atome und Moleküle verschwinden zu lassen, indem sie diese Tatsache sozusagen heiligsprechen und ihnen die Fähigkeit der Selbstorganisation verleihen. Somit sind alle Selbstorganisationstheorien eine Mythologisierung der Materie. Die Materialisten sprechen der Materie Eigenschaften zu, die sie erwiesenermassen nicht hat. Sie sprechen ja immer wieder von einem Verhalten der Atome und Moleküle; verhalten können sich aber nur — wie das reflexive Verbum sagt — Wesen, die ein Sich haben, eben Lebewesen. Das scheinen die Materialisten auch zu wissen, denn wenn man die Zeichnungen anschaut, welche die Molekularbiologen von den Molekülen machen, so tritt einem ein ganzer Olymp von Götterchen entgegen, welche die Materie regieren. Die Schizophrenie dieser Vorstellung wird dann deutlich, wenn man weiss, dass die Brüder und Schwestern Molekularbiologen wissen, dass es diese Göttergestältlein wegen der Unschärferelation von Bruder Heisenberg gar nicht geben kann.

Wieso haben die Wissenschaftler Messer, die nicht schneiden?

Warum sollten sie das haben, Gotteslöwe?

Weil Bruder Heisenberg unscharfe Rationen macht. — Jetzt lachst du mich schon wieder aus, Bruder Antonius!

Nein, Frater Leone, ich lache dich nicht aus. Ich freue mich, weil das Lamm im Löwen immer wieder so schön die Wahrheit blökt. Die Messer der Wissenschaft sind für die Rationen, in die sie die Materie zerteilen wollen, tatsächlich viel zu unscharf: für die Atome. Bruder Löwe, dein Lamm hat mit zwei Worten das Wesentliche gesagt, was Bruder Heisenberg mit seiner Unschärferelation berechnete. Trotzdem schneiden sie mit ihren stumpfen Messern weiter in der Schöpfung herum, indem sie meinen, grössere Messer seien auch schärfer.

So bauen sie jetzt zur Erforschung der Atome Instrumente, die mehr als ein Dutzend Meilen lang sind. Komplizierte Riesenmaschinen, die Milliarden kosten. Seit mit der Wissenschaft Geld verdient werden kann, haben sich die Wissenschaftler so vermehrt, dass mehr als neunzig Prozent aller Wissenschaftler, die je gelebt haben, im Atomzeitalter leben. Das entspricht der Tatsache, dass Chemie, Physik und Biologie zu mehr als neunzig Prozent als Geschäft und nicht als Wissenschaft betrieben werden. Durch ihr gutes und gesichertes Einkommen sind sie an den vollen Fleischtöpfen erkrankt und blosse Wisser geworden, die sich sowohl am Fleisch als auch an der Information überessen. Eine Heilung ist allein durch Fasten möglich, und zwar durch Fasten an beidem, am Fleisch und an der Information. Wie schon gesagt: Vor lauter Information kommen die Wisser nicht mehr zum Denken. Der Reichtum unserer Armut, Vater Franziskus, wird auch für die Wissenschaft die einzig mögliche Hilfe sein. Bruder Eugen Mederlet, der im Land des Niklaus und der Dorothea von Flüe lebt, sagt das treffend: Die Armut des materialistischen Reichtums kann nur mit dem Reichtum der franziskanischen Armut überwunden werden.

Meine lieben Söhne, das Fasten ist ein verlässlicher Gefährte auf dem Weg in die Höhen der geistigen Welt. Es heisst ja, dass ein voller Bauch nicht gerne studiere, obwohl man nicht mit dem Bauch denken sollte. Aber auch ein leerer Bauch sollte nicht denken, so dass er mit Reden über das Fasten einem Menschen den Appetit am Essen verdirbt, weil er ihm dann auch den Appetit am Fasten verderben kann. Der Herr hat gesagt, dass der Mensch nicht vom Brot allein lebt, sondern von jedem Wort, das aus dem Munde Gottes kommt. Daher kann man sagen, dass der Mensch nicht am Brot allein fasten soll, sondern auch an den Worten, die aus seinem Munde kommen.

Jetzt weiss ich, Vater Franziskus, warum es in dieser Atomwelt so eng ist; nicht nur die Bäuche, auch die Köpfe sind überfüllt, so dass es für die Herzen keinen Platz mehr hat.

Du sagst es, Frater Leone. Für den grossen Mut zur Demut braucht es grosse Herzen, nur der kleine Mut des Hochmuts hat in den Rohrherzen Platz. Die Wissenschaftler bedürfen unseres Gebets, damit ihnen geholfen wird, den kleinen Mut mit dem grossen Mut zu besiegen. Der Hochmut beugt sich der Macht der Menschen und erhebt den Kopf gegenüber Gott; die Demut ist klein vor Gott und gross vor den Menschen. Bruder Leonardo da Vinci sagt: *Wie die Ähren sind die Menschen, / Tief verneigen sich die schweren, / Stolz erheben sich die leeren.* Obwohl die Demut eine Frau und der Hochmut ein Mann ist, können Frauen und Männer demütig und hochmütig sein; aber eine hochmütige Frau ist schlimmer als ein hochmütiger Mann, weil die Frau als Mutter den grösseren Mut braucht als der Vater. Die Demut ist selbst Mutter, die Mutter der Tapferkeit. Wer den Mut zur Demut hat, fürchtet Gott, aber nicht die Menschen. Wer Gott fürchtet, wird vor nichts erzittern, sagt Bruder Sirach. So wollen wir beten:

Herr Jesus Christus, sende den Wissenschaftlern den Heiligen Geist, damit sie mit ihrem Leben und mit ihrer Arbeit immer den Willen des Vaters erfüllen, so dass sie wissen, dass alles, was ihnen geschieht, der Wille des Vaters ist — auch wenn sie es nicht wollen. Hilf ihnen das Liebenswerte zu erkennen und es dankbar anzunehmen, wenn der Vater es ihnen durch Dich in der Einheit des Heiligen Geistes zum Geschenk gibt. Hilf ihnen, ebenso zu danken, wenn der Vater in seiner unergründlichen Weisheit ihnen etwas nicht gewährt. Gib ihnen die Liebe, die Kraft und den Mut zur Demut, den Willen des Vaters immer dankbar anzunehmen, in Freud und Leid.

Ohne ein grosses Herz ist keine grosse Erkenntnis möglich, weil man nur mit dem Herzen in die Nähe des Vaters kommen kann. Der Kopf reicht nie aus, auch wenn wir noch so viel Wissen in ihn hineinstopfen. Schwester Therese von Lisieux sagt, dass Gott eine schwache Stelle habe: sein Herz. Man müsse deshalb lernen, Gott beim Herzen zu packen. In diesem Lernen besteht die Herzensbildung. Oder da ist der Fuchs des kleinen Prinzen von Bruder Antoine de Saint-Exupéry, der ihm — dem Flieger — begegnete, als er in der Wüste eine Notlandung machen musste: Hier ist mein Geheimnis, sagt der Fuchs, es ist ganz einfach — man sieht nur mit dem Herzen gut. — Aber auch Bruder Sirach, der lange vor der Geburt des Herrn im Heiligen Land gelebt hat, schreibt in seinem siebzehnten Buch über das Geheimnis des schauenden Herzens: Der Herr hat auch den Menschen aus Erde erschaffen und lässt ihn wieder zu ihr zurückkehren. Er teilte dem Menschen eine Zahl von Tagen und eine bestimmte Frist zu und übertrug ihm die Herrschaft über alle Wesen auf ihr. Ähnlich sich selbst bekleidete er sie mit Kraft und schuf sie nach seinem Bilde. Er legte die Furcht vor ihnen auf alles Fleisch zur Herrschaft über Tiere und Vögel. Er bildete Mund und Zunge, Auge und Ohr, und gab ihnen ein Herz zum Denken. Mit verständiger Einsicht erfüllte er sie und zeigte ihnen, was gut und böse ist. Er setzte ihnen sein Auge in das Herz, um ihnen die Grösse seiner Werke kundzutun. Auf dass sie seinen heiligen Namen lobten und die Grösse seiner Werke weiter verkündeten.

Hörst du, Frater Leone, wie der gelehrte Bruder Antonius die Weisheit des Herzens höher schätzt als die Gescheitheit des Kopfes, die man ihm gewiss nicht absprechen kann. Mit den Büchern hat sich bloss die Gescheitheit verbreitet und damit leider auch die Lüge; denn es gibt nur intelligente, aber keine weisen Lügen. Seit der Zeit, wo wir im Fleisch waren, sind die Bücher zu einer Flut von Papier angeschwollen. Und da das Mass an Wahrheit in der Welt kaum grösser geworden ist, so muss mit der Zahl der Massenmedien — wie die Heutigen ihre Wortverbreitungsmittel nennen — die Lüge gewachsen sein. Man nennt das im Atomzeitalter Information.

Warum hat die Rohrwissenschaft so viele Okkultisten?

Wieso sollte sie das haben, Gotteslamm?

Weil sie eine Masse von Medien hat.

Ach, du liebe Zeit! Vater Franziskus, schon wieder hat unser Gotteslöwe etwas Schönes gesagt.

Aber schon wieder lacht ihr mich aus.

Lieber Bruder Leone, wir lachen, aber wir lachen dich nicht aus. Denn der Humor ist eine Sache, die — wie Bruder Filippo Neri sagt — gar nicht ernst genug genommen werden kann. In der elektrischen Lichtflut der Laboratorien herrscht tatsächlich eine Finsternis, in welcher der Okkultismus nicht weniger gedeiht als in den Alchemistenküchen des Mittelalters. Die Rohrwissenschaftler nennen ihre Instrumente nach dem lateinischen appareat — es möge erscheinen — Apparate. Mit diesen Maschinen stellen sie allerhand fest und unter anderem auch etwas, das früher ganz selbstverständlich war: die Existenz von Engeln. Natürlich sind sie, die Engel, durchaus in der Lage, auch die Zeiger von Apparaten zu bewegen; was Menschen können, können die Engel gewiss auch. Leider wissen im Atomzeitalter viele Menschen nicht mehr, dass es Engel gibt. Sie leben, als ob sie alleine wären, wenn kein Mensch in ihrer Nähe ist. Die guten Engel verzeihen ihnen das und helfen den Menschen in barmherziger Liebe trotzdem, auch jenen, die über den Engelglauben spotten. Die gefallenen Engel hingegen, die Dämonen, freuen sich über den Unglauben, weil ihr Treiben im Dienste des Bösen dann nicht durch Gebete verhindert wird. Ein Beispiel für den Glauben an die Apparate sind die Ufos, wie man im Atomzeitalter die Engelswagen nennt. Früher hat sich niemand darüber gewundert. Erst seit die Wissenschaft vorschreibt, was es geben darf, wundern sich die Menschen, dass es auch das gibt, was es nicht geben darf. Früher hat man auch gewusst, dass nur die dümmsten Engel Ufos benötigen, um auf die Erde zu kommen. Der Engel Gabriel hat Maria die Verkündigung ihrer Gottesmutterschaft ohne Ufo gebracht. Weil in der Heiligen Schrift nichts von einem Ufo steht, glauben die Apparategläubigen nicht an den Engel Gabriel und seine Botschaft.

Bruder Antonius, sind Apparate Rohre?

Wie meinst du das, Löwenlamm?

Weil sie in der Rohrwissenschaft gebraucht werden.

Wie schon oft hat dein Löwenherz den Kern der Sache gesehen. Wenn man so will, sind die Apparate Rohre, weil sie nur einen kleinen Teil der Welt erfassen: das Messbare. Früher hat man mit einem Rohrstock, dem Kanon, die Längen, Höhen und Tiefen gemessen. So sind eigentlich nicht nur die Fern- und Nahrohre Rohre, sondern alle Apparate. Das ist etwas weit gefasst, Vater Franziskus, und doch besteht zwischen Apparaten und Rohren eine Gemeinsamkeit; die Verengung des Blickes. Von den Apparategläubigen wird allerdings das Gegenteil behauptet, weil sie die Weite des Schauens mit der Länge des Sehens verwechseln. Auch kommt die Vereinfachung der Welt durch die Weglassung des Unmessbaren jenen Wissenschaftlern entgegen, welche mit Welterklärungsmodellen berühmt werden wollen. Denn für die wirkliche Welt gibt es keine wissenschaftliche

Erklärung. Unser Kampf gegen den wissenschaftlichen Atheismus ist eigentlich ein Kampf gegen die Eitelkeit von Hochmütigen, die mit Welterklärungen berühmt geworden sind. Sie sind deshalb berühmt, weil ihnen Millionen von unbekannten Hochmütigen huldigen als Dank für eine wissenschaftliche Begründung der Bequemlichkeit, die sie bei der Führung eines gottlosen Lebens geniessen. Der Applaus der unbekannten Hochmütigen, das millionenfache Bei-fallen, ist die Ursache der Berühmtheit der berühmten Hochmütigen. Ihr Lebensstil beruht auf einem Zirkelschluss wie der Materialismus, den sie vertreten.

Die Gelehrten und Theologen in Ehren, Bruder Antonius, aber man braucht kein Gelehrter zu sein, um zu erkennen, dass der Böse seine Werke stets unscheinbar, langsam und leise beginnt, so dass alles harmlos und meistens sogar vorteilhaft aussieht, wegen der guten Seiten, in welche er seine Bosheiten verpackt. Hat der Teufel sein Werk vollbracht, so sieht jeder die Zerstörung, die Hässlichkeit, die Hetze, den Lärm und den Gestank; dann ist es zu spät für die Kraft der Menschen, und sie wären ohne die Gnade der Barmherzigkeit des Vaters verloren. Das Atomzeitalter zeichnet sich durch eine nie erreichte Zivilisation ebenso aus wie durch einen erschreckenden Zerfall der kulturellen Werte. Die Menschen müssten eigentlich sehen, dass alle Hochkulturen ohne technische Hochschulen aufgebaut worden sind. Da hörte ich an einer besonders engen Rohrherzstelle einen Ingenieur behaupten, dass es nichts gäbe, woraus man schliessen könne, dass eine gotische Kathedrale schöner sei als ein Atomkraftwerk. Das ist ein Ausdruck der erschütternden geistigen Armut von materiellen Masslosigkeiten: Die Schönheit ist das Gefäss der Liebe; eine Kathedrale ist ein Gefäss für die grösste Liebe: die Gottesliebe.

Eine Kirche ist ein Gefäss der Liebe, weil viele Menschen darin sind, die lieben. In einem Atomkraftwerk sind nur wenige Menschen, aber viele und grosse Maschinen — und Maschinen können nicht lieben. Deshalb sind die Fabriken so hässlich; sie sind um so hässlicher, je mehr Maschinen und je weniger Menschen darin sind.

Diese Feststellung von Bruder Leone beweist, was du sagst, Vater Franziskus. Man braucht kein Wissenschaftler zu sein, um die Wahrheit zu sehen, was nicht heisst, dass einem Wissenschaftler die Wahrheit verschlossen ist. Aber er hat es schwerer, weil es nur eine Wahrheit, jedoch in der Wissenschaft viele Richtigkeiten gibt, die aber nicht alle auch wahr sind. Ein Beispiel dafür ist der Darwinismus: Die Darwinisten verwenden ihre Intelligenz, um die Wunder der Schöpfung dermassen zu vereinfachen, dass sie die Wunder mit eben dieser Intelligenz meinen erklären zu können. Weil es sich dabei bloss um Richtigkeiten handelt, kommt es vor, dass manche dieser Erklärungen sich gegenseitig widersprechen, wobei jeder der Erklärer mit wissenschaftlichen Argumenten beweist, dass er recht hat. Aber alle diese Richtigkeiten haben etwas gemeinsam: Sie sind so plausibel, dass sozusagen jedermann die Spekulationen nachvollziehen kann und sich begreiflicherweise intelligent vorkommt. Auf solcher Vereinfachung des Denkens beruht die grosse Verbreitung der Abstammungslehre. Aber gerade die Verbreitung ist ein Hinweis auf die Unwissenschaftlichkeit, weil in der Wissenschaft nicht die Mehrheit bestimmt, was richtig oder gar wahr ist. Heute sind die Welterklärer dort angelangt, wo der Zirkel sich schliesst: Bei der Erklärung ihrer Intelligenz mit ihrer Intelligenz, sie nennen das evolutionäre Erkenntnistheorie.

Ist das die Wissenschaft, wo Adam ein Affe ist?

Du sagst es kurz und bündig, Gotteslöwe, ganz unwissenschaftlich.

Ich meine, Bruder Antonius, um die Wissenschaft zu durchschauen, muss man von ihr einen Abstand haben wie Frater Leone, wobei der Abstand alleine natürlich nicht genügt. Wenn man den Wald kennen will, muss man auch die Bäume kennen; aber man darf nicht vor lauter Bäumen den Wald nicht mehr sehen. Die alte erste Sünde, der Hochmut, hat die Intelligenz der Darwinisten so verdreht, dass sie aus Eitelkeit lieber einen selbstorganisierten Affen zum Vater haben wollen als Gott. Weil Affe wenig wissenschaftlich klingt, sprechen sie von Prähominiden, was etwa soviel ist wie die Feststellung, dass die Armut von der pauvreté komme. Diese Bescheidenheit hinsichtlich der Herkunft beruht insofern auf dem Hochmut, weil man von einem selbstorganisierten Affen nicht zur Rechenschaft gezogen werden kann. Wenn zum Studium des Christentums und seiner Kirche nur ein Teil von den geistigen Kräften aufgebraucht würde, die zur Konstruktion von Ideologien und gnostischen Selbsterlösungstheorien eingesetzt werden, so gäbe es diese Eitelkeiten nicht. Alle die Ideologen und Sektierer, welche die Kirche ablehnen oder gar bekämpfen, wissen aus Mangel an Kenntnissen nicht, dass sie das meiste, wovon sie reden und leben, der Kirche zu verdanken haben. Ein demütiger Einsatz ihrer Geisteskräfte würde ihnen den Mut geben, zu sehen, dass gegenüber den Wahrheiten des Christentums — des geoffenbarten Wortes Gottes — die eitlen Welterklärungen leeres Stroh sind. Auch ist der historische Beweis für die Gottheit des Menschensohnes ohne Beispiel in der Geschichte: Bis zu seinem dreissigsten Lebensjahr bleibt Jesus Christus unbekannt. Dann, mit einem bloss dreijährigen Wirken, das den Juden ein Ärgernis und den Heiden eine Torheit war, begründet er ein Weltreich des Geistes. Ein Reich, das innerhalb von dreihundert Jahren das ganze Römische Reich ohne einen einzigen Schwertstreich eroberte, und das in seiner Kirche über die ganze Welt ausgedehnt bald zweitausend Jahre besteht. Nirgends in der ganzen Geschichte der Menschheit gibt es etwas Vergleichbares. Für jene, denen das kein historischer Gottesbeweis ist, kann es überhaupt keine Beweise geben. — Warum lachst du, Gotteslamm?

Ich höre, was Bruder Christian Morgenstern von einem Wissenschaftler sagt, der nicht haben will, dass es Gott gibt:

Und er kommt zu dem Ergebnis,
Nur ein Traum war das Erlebnis.
Weil, so schliesst er messerscharf,
Nicht sein kann, was nicht sein darf.

Der Hochmut und sein Esel, der Stolz, auf dem er daherkommt, sind nicht kleinlich mit ihrer Logik, wenn es darum geht, das Bekennen einer Schuld zu umgehen. So kann man Rohrwissenschaftler hören, die das absolut Böse ihrer Wissenschaft, die Atombombe, verharmlosen, indem sie sagen, auch das Gute habe seine schlechten Seiten, zum Beispiel könne man mit einem Messer sowohl Brot schneiden als auch töten.

Ist das ein messerscharfer Schluss, Bruder Antonius?

Allerdings, Gotteslöwe, ganz im Sinne von Bruder Morgenstern. Um ein Bekenntnis zu vermeiden, ist ihnen keine Plattheit zu flach.

Sie bemühen sich sogar, zu vergessen, dass es selbst bei den Messern auf die Grösse ankommt; Brotmesser sind keine Schwerter. Leider wagen viele Theologen nicht, zu sehen, dass die Technik des Atomzeitalters etwas an sich Böses ist, weil ihre Früchte in den höchsten Höhen des Hochmutes wachsen: Die Technokraten wollen sich mit Hilfe der Materie selbst erlösen. Das ist ein Hochmut von einer noch nie erreichten Anmassung: Die Zurückweisung der grössten Liebe, die Gott der Welt durch seine Menschwerdung in Jesus Christus zur Erlösung der Menschheit am Kreuz geschenkt hat. Du lachst, Gotteslamm?

Ich höre, was man in Ungarn flüstert.

Und was flüstert man?

Adam sei ein Sowjetrusse gewesen, denn er habe nichts zum Anziehen gehabt, er habe den Apfel mit seiner Frau teilen müssen, und er musste glauben, er sei im Paradies.

Nun ja, aber lassen wir hier die politischen Witze, es ist auch so ernst genug. Mit der Vermehrung der Elektrizität, dieser Spinne, die die Menschheit mit ihrem Drahtnetz zu fangen versucht, liegt die Zukunft immer mehr in den Händen der Menschen und wird somit immer zweifelhafter. — Schon wieder lachst du, Löwenlamm.

In Berlin sagte ein Taxifahrer, die Zukunft sei auch nicht mehr, was sie war.

Nun gut, wir wollen den Humor als das nehmen, was er ist: etwas Ernstes. Schon sterben die Meere und die Wälder — die Heimatländer des Lebens! Mit jeder neuen Maschine wird die Hoffnung auf eine Rettung kleiner. Die guten Maschinen des Atomzeitalters sind die nichtgebauten. Begreiflicherweise müssen die Technokraten — und jene Theologen, die ihnen zu Diensten sind — das Gegenteil sagen. Aber zum Glück siegt die Wahrheit; immer weniger Menschen glauben an die Versprechungen der Macher. Die Hoffnung auf Rettung besteht im Opfer des Verzichtes auf die Masslosigkeiten des Atomzeitalters, im Verzicht auf materielle Ansprüche, im Verzicht auf Selbsterlösung. Nur die Umkehr zu Christus — zum Erlöser — kann die Menschheit retten.

Dein Gelehrtenflorett ist in den vielen Jahrhunderten nicht stumpf geworden, Bruder Antonius, so wie auch dein Humor noch unvermindert leuchtet, Frater Leone. Aber wir wollen bedenken, liebe Brüder, dass wir nicht zu stechen und zu lachen in die Rohrherzen gekommen sind, sondern zu beten für ihre Umkehr. Wir wollen an die engen Wände pochen, bis sie sich öffnen und weit und gross werden, Gefässe der Liebe, die von Liebe überfliessen. Bei den alten Herzen, sehen wir, ist alles viel schwerer, weil sie von Haben hart geworden sind. Aber dort, wo das Dunkel am Horizont zerreisst, wo der Himmel frei wird, wo das von Haben unbelastete Sein der Jugend leuchtet, strahlt aus den Herzen Hoffnung. Der Weg der Jungen im Atomzeitalter wird nicht leicht sein, aber es ist ein Heimweg, und kein Heimweg ist zu schwer. Es ist so, wie Schwester Hildegard von Bingen sagt: Von nun an steht uns wieder unsere Heimat offen. — In der Menschwerdung hat Gott sein tiefstes Geheimnis offenkundig gemacht. Gott ward Mensch und machte den Menschen zu seinem Tempel. Gottes Sohn wurde Mensch, damit der Mensch Heimat habe in Gott.

**Sei gelobt, mein Herr,
durch unsere Schwester
Mutter Erde,
die uns versorgt und nährt
und zeitigt alle Früchte
und farbige Blumen
und Gras.**

Schaut liebe Brüder, dort haben Menschen die Erde aufgegraben, um einen Menschen zu begraben, einen Universitätsprofessor. Sein Leben sei Arbeit gewesen, hat der Pfarrer gestern in der Kirche gesagt. Er hatte viel Arbeit gehabt, denn der Professor war auch Direktor in einer chemischen Fabrik.

Ich habe gehört, an was er gestorben ist, Vater Franziskus.

Wo hast du das gehört, Gotteslöwe?

Im Büro des Herrn Generaldirektor.

Frater Leone, du darfst deine Unsichtbarkeit nicht missbrauchen, um an der Wand zu horchen.

Ich habe von innen gehorcht, Vater Franziskus, an der Rohrherzenwand des Herrn Sekretär.

Nun, also, und was hast du gehört?

Der Herr Sekretär kam ins Büro des Herrn Generaldirektor und hat ihm gesagt, dass der Herr Professor in der Nacht gestorben sei. Da sagte der Herr Generaldirektor, so, so, und fragte, was der Herr Professor denn gehabt habe. Dreihunderttausend habe er gehabt, sagte der Herr Sekretär. Da winkte der Herr Generaldirektor ab und sagte, er meine natürlich, was ihm gefehlt habe. Zweihunderttausend, antwortete der Herr Sekretär. Da wurde der Herr Generaldirektor gehässig und sagte, er wolle natürlich wissen, an was der Herr Professor gestorben sei. Da erschrak der Herr Sekretär und sagte: an der Differenz.

Bruder Antonius, du verkneifst das Lachen, weil du weisst, dass es nichts zu lachen gibt. Auch wenn der Herr Professor an einem Herzinfarkt gestorben ist, so ist er eben doch an dem Geld gestorben, das er glaubte haben zu müssen. Leider ist es wahr, was der Herr Pfarrer beim Trauergottesdienst gesagt hat. Sein Leben war tatsächlich Arbeit und noch einmal Arbeit. Aber ohne Gebet ist jede Arbeit sinnlos. Sein Herz ist zerbrochen, weil es für seinen grossen Kopf zu eng geworden ist. Oder nicht, Bruder Antonius?

Vater Franziskus, sein Sein vermochte sein Haben nicht mehr zu tragen. Das Herz enthält den Kopf und nicht umgekehrt; wer versucht, das Herz mit dem Kopf zu erfassen, bläht den Kopf auf, bis er schliesslich das Herz zersprengt. Nicht der Kopf, das Herz ist das Gefäss der Weisheit, weil es das Gefäss der Liebe ist, ohne die es keine Weisheit gibt, höchstens Wissen. Weisheit vermag Wissen, aber Wissen nicht Weisheit zu beinhalten. Es gibt grosse Weisheit mit wenig Wissen, und es gibt grosses Wissen mit wenig Weisheit. Wissen ist nicht mehr wert, als es der Weisheit dient. Deshalb besteht der Wert eines Wissenschaftlers in dem, was von ihm übrigbleibt, wenn man ihm die Wissenschaft wegnimmt. Nur wer ein grosses Herz hat, kann sich einen grossen Kopf leisten, sonst hat der Kopf im Herzen keinen Platz und zersprengt das Gefäss, und es geschieht das, was die Atomzeitaltermedizin einen Herzinfarkt nennt. Es ist das sehr zu unterscheiden vom Tod jener Menschen, die an einem gebrochenen Herzen sterben. Diese haben mehr Liebe verströmt, als man ihnen geben konnte.

Ja, Bruder Antonius, das Meer der Liebe ist voller Sehnsucht nach Liebe, es will in sich selbst überfliessen. Auch der Hass hasst, weil er sich nach Liebe sehnt. Der Hassende dürstet nach Rache, aber die Rache macht ihn noch hassender; nur die Liebe vermag das Feuer dieses Durstes zu löschen. So lasst uns, liebe Brüder, beten:
Herr, mache uns zu einem Werkzeug Deines Friedens,
Dass wir lieben, wo man sich hasst;
Dass wir Versöhnung bringen, wo man sich kränkt;
Dass wir Einheit bringen, wo Zwietracht ist;
Dass wir den Glauben bringen, wo Zweifel quält;
Dass wir Wahrheit bringen, wo Irrtum herrscht;

Dass wir Hoffnung bringen, wo Verzweiflung droht;
Dass wir Freude bringen, wo Traurigkeit ist;
Dass wir Licht bringen, wo Finsternis waltet.
Hilf uns, dass wir nicht danach verlangen,
getröstet zu werden, sondern zu trösten;
Verstanden zu werden, sondern zu verstehen;
Geliebt zu werden, sondern zu lieben. Amen.
Bruder Antonius, sprich du das Gebet der Wissenschaftler mit dem Mut zur Demut. Sprich es laut, damit es alle hören.

Herr Jesus Christus! Ich, Dein unwürdiger Diener, unwert all Deiner Gutheit, ich will in die Schau Deiner Schatzkammern eintreten. Lass es, Du Mitte aller Wissenschaften, Dir gefallen, dass Du mich darin einführst. Und gib mir, Dich zu erkennen und zu lieben. Aber gewähre mir, in gleichem Masse zu lieben, wie ich erkenne. Und gestatte mir nicht, mehr zu erkennen als zu lieben. Denn in keiner anderen Absicht will ich erkennen, als einzig: um Dich zu lieben. Amen. — Vater Franziskus, die Demut als Ehrfurcht vor Gott und als Furchtlosigkeit vor den Menschen ist eine notwendige Voraussetzung für einen Wissenschaftler, weil der Glaube das Fundament von allem menschlichem Dasein ist — sogar der Glaube des Atheisten, der nicht weiss, sondern glaubt, dass er nicht glaubt. Auch von der Wissenschaft ist der Glaube das Fundament, denn die Wissenschaft ist nichts Wissenschaftliches, sondern etwas Menschliches. So sagt Bruder Anselm von Canterbury, credo ut intelligam, und Bruder Abälard bestätigt ihn mit der Umkehrung: intelligo ut credam.

Bruder Antonius, ich kann doch nicht lateinisch!

Entschuldigung, Gotteslöwe; Bruder Anselm sagt: Ich glaube, um zu verstehen, und Bruder Abälard: Ich verstehe, um zu glauben.

Ich habe beides schon immer getan, ohne Latein.

Frater Leone, für dich ist das kein Problem, weil dein Herz so gross ist, dass dein Kopf gut darin Platz findet.

Ich weiss schon, was du denkst, Bruder Wissenschaftler.

Was denn?

Mein Kopf sei so klein, dass er überall Platz hat.

Aber Gotteslöwe! Schon wieder bist du zu wenig Lamm, wieder reicht dein Mut nicht zur Demut, und das Mütlein zum Hochmut meldet sich. Ganz gewiss hat Bruder Antonius das nicht so gemeint.

Sicher nicht, Vater Franziskus. Aber Frater Leone verdächtigt uns Wissenschaftler nicht zu unrecht der Überheblichkeit.

Leider stimmt das, Bruder Antonius — besonders heute. Mit ihren verlängerten und verfeinerten Händen, mit ihren Apparaten und Instrumenten, wollen die Wissenschaftler alles anfassen. Tragischerweise halten sie nur das für Wirklichkeit, was sich anfassen lässt. Ihr Begreifen ist ein Greifen geworden, nach allem wollen sie greifen. Nach dem Fernsten und nach dem Innersten, nach den Sternen und nach dem Menschen im Mutterschoss. Etwas tun können und etwas tun dürfen ist für sie ein und dasselbe geworden. Sie nennen das wertfreie Wissenschaft. Das ist ihre Überheblichkeit, ein Hochmut, der sich erlaubt, alles zu machen, was machbar ist. Sie stellen das Greifen vor das Denken, die Materie vor den Geist. Die Existenz dessen, das ihnen in ihrem Leben zuallererst begegnet, halten sie für weniger wirklich als das, was eine Folge dieses Ersten ist: Was sie mit Händen fassen können, glauben sie mehr, als was sie ohne zu greifen mit verschlossenen Augen und Ohren sehen und hören können: Ich bin das Ich, das mit geistgelenkten Händen ein Laboratorium bauen und darin experimentieren kann. Sie setzen das Geschenk Gottes, ihr Selbst, als eine Selbstverständlichkeit voraus und sprechen in dieser Selbstvergessenheit von einer Selbstorganisation der Materie. Sie merken dabei nicht, dass sie in jedem Experiment zum Beweis dieser Selbstorganisation sich selbst begegnen. Eben, wie die Philosophen sagen, sie verwechseln den Gegenstand mit der Voraussetzung des Gegenstands. Wie wir schon gehört haben, dreht sich dieser Selbstzirkel so lange um sich selbst, bis die Materie sich selbst so weit organisiert hat, dass sie sich selbst erkennen kann. Also bis schliesslich durch solche Selbstorganisation ein Wissenschaftler entstanden ist, der sich mit diesem Zirkelschluss selbst zu betrügen vermag. Der missbrauchten Freiheit ist keine Eitelkeit zu dumm. Der Hochmut, keinen Vater im Himmel haben zu wollen, erfindet immer unglaublichere Mechanismen, um ihn überflüssig zu machen. Weil diese Wissenschaftler die Wahrheit mit den Händen suchen, sind sie aus ihren Herzen herausgetreten in das Aussen, nach dem sie greifen. Dadurch sind ihre Herzen vereinsamt, und ihre Köpfe glauben zu wissen, was die Herzen nicht mehr fühlen. Die Menschen können wohl fühlen, was Wissen ist, aber sie können nicht wissen, was Fühlen ist. Immer wieder zeigt es sich, dass das Herz den Kopf und nicht der Kopf das Herz enthält. Das ist so, weil man viel mehr glauben kann, als man wissen kann. Das Unglaubliche kann man glauben, aber das Unwissbare kann man nicht wissen. Die Wissenschaftler wollen für alles plausible Erklärungen, aber die Wahrheit ist selten plausibel. Sie müssen sich deshalb mit Richtigkeiten begnügen, die um so schneller veralten, je richtiger sie sind. Das ist eine der Wahrheiten, die nicht plausibel ist. Plausible Erklärungen sind oft suspekt, das weiss jeder Untersuchungsrichter. Die grösste Wahrheit, das Evangelium unseres Herrn Jesus Christus, ist von allen Wahrheiten am wenigsten plausibel. Es steht im Zeichen des Widerspruchs. Daher, und weil es mehr ist als eine gute Botschaft, scheitern die Erklärungen der Theologen, die allein gescheit sein wollen, immer wieder von neuem. Das hindert manche Exegeten allerdings nicht, für sich jene Unfehlbarkeit zu beanspruchen, die sie dem Herrn Papst absprechen.

Sie machen plausible Erklärungen, weil sie Applaus wollen, den man in den Rohrherzen besonders gut hört. Und in den Zeitungs-, Radio- und Fernsehröhren tönt er noch lauter. Mir tun davon die Ohren weh.

Vater Franziskus, diesmal hat unser Löwenlamm doppelt ins Schwarze getroffen! Das eine Mal aus Erfahrung, das andere Mal — weil er ja kein Latein kann — ohne es zu wissen. Das Wort plausibel kommt nämlich vom lateinischen plaudere, was soviel wie schlagen, pochen, klatschen, also auch Beifall klatschen heisst. Auf das letztere bezieht sich das zusammengesetzte Verbum applaudere, auf deutsch applaudieren. Für die Wahrheit gibt es meistens keinen Applaus, aber oftmals das Kreuz. Ohne Liebe gibt es keinen Weg zur Wahrheit, weil die Wahrheit und die Liebe derselben Quelle entspringen: Gott. So wie die Quelle Wasser ist, ist Gott Liebe und Wahrheit. Schon immer waren die Philosophen der Ansicht, dass die Wahrheit wandel- und relativierbar sei. Aber seit Bruder Hegel beherrscht diese verderbliche Meinung ein weites Feld der Philosophie; es wird diese Mischung aus Mythos und Logik Dialektik genannt. Zuerst sind es die materialistisch orientierten Naturwissenschaftler gewesen — welche Bruder Hegel übrigens gar nicht mochte —, die für diese Abschaffung der Wahrheit zugunsten ihrer zahlreichen Richtigkeiten dankbar waren. So konnten sie sich gegenseitig dialektisch bekämpfen, bis schliesslich jeder für seine Richtigkeit einen Lehrstuhl erhielt. Heute, wo viele Naturwissenschaftler wieder zu den unwandelbaren göttlichen Wahrheiten zurückfinden, sind es die progressiven Theologen, welche die Wahrheit mit wissenschaftlichen Richtigkeiten verwechseln. Weil Wahrheiten, zum Beispiel die Zehn Gebote Gottes, nie veralten, gibt es im Bereich der Wahrheit nichts Neues, keine Innovationen, wie im Atomzeitalter die Neuheiten genannt werden. Jede Innovation, die der Wahrheit widerspricht, bedeutet eine Verschlechterung der Welt — und wenn sie noch so praktisch ist. So auch alles, was den Zehn Geboten widerspricht. Daraus erklärt sich die Bedrohung der Welt durch die moderne Technik, welche mit den Sachzwängen ihrer Maschinen die Einhaltung der Sonntagsheiligung verunmöglicht. Die Folgen der Missachtung wurden den Menschen klar und deutlich gesagt: Wer den Sabbat nicht heiligt, ist des Todes. Das beweist die Wirtschaft des Atomzeitalters, die bereits in ihren letzten Zügen liegt. Da helfen die Innovationen nichts, mit welchen die Technokraten ihre Wirtschaft retten wollen. Was sie bräuchten, ist nicht etwas Neues, sondern etwas Besseres. Es kommt eben nicht auf die Geschwindigkeit, sondern auf die Richtung des Fortschreitens an. Nur wenn der Weg christuswärts führt, bedeutet der Fortschritt eine Besserung und nicht bloss eine Neuerung, eine Imbonation und nicht bloss eine Innovation. Weil Gott die Wahrheit ist, bedeutet alles, was die Menschen Gott näher bringt, eine Verbesserung, und alles, was sie von Gott wegbringt, eine Verschlechterung der Welt. Mit den Neuerungen einer Technik, deren Sachzwänge die Heiligung des Sonntags verunmöglichen, ist die Welt von Tag zu Tag schlechter geworden — auch wenn sie bequemer geworden ist. Freiheit und Bequemlichkeit darf man nie verwechseln. An den Schulen des Atomzeitalters werden die Menschen bloss ausgebildet, aber nicht gebildet. Ohne Beziehung zu Gott, ohne Religion, gibt es keine Bildung, höchstens die Ausbildung in einer bestimmten Tätigkeit, einem Know how, wie heute überall gesagt wird. Voraussetzung für jede Bildung ist das ora et labora von Bruder Benedikt und Schwester Scholastika, womit das heilige Geschwisterpaar meint, beten, dass es Arbeit ist, und arbeiten, dass es Gebet ist. Das *labora* allein ist eitel und das *ora* allein bigott. Beides ist Sünde. Die Kultur des christlichen Abendlandes ist auf die Pfeiler von Gebet und Arbeit gebaut worden. Die kommende Kultur, das verwirklichte Christentum, wird dasselbe Fundament haben. Ein Fundament, an dessen Grundlegung heute von immer mehr Menschen gebetet und gearbeitet wird.

Meine lieben Brüder, es heisst, dass Not beten lehrt; das stimmt, aber leider lehrt sie auch fluchen. Die Not im Atomzeitalter ist so gross geworden, dass es wohl immer mehr Menschen gibt, die beten, aber es gibt auch immer mehr, die fluchen. Wir sind in die Rohrherzenwelt gekommen, um möglichst viele Flucher in Beter zu verwandeln, damit das Gute stärker wird als das Böse. Wir müssen die Materialisten mit etwas gewinnen, nach dem sie sich sehnen, weil sie es nicht haben: mit Treue. Der Materialist kennt — wenn er konsequent ist — nur die Berechenbarkeit und deren Zwangsläufigkeiten; die Flugbahn, die das Geschoss des Erfolgs mit tödlicher Unerbittlichkeit durch das Koordinatensystem von Zweck und Nutzen lenkt. Der Treue aber harrt aus Liebe auch an dem Platz aus, wo ihn das Geschoss des Tüchtigeren trifft. Der hohe Sinn von der Zwecklosigkeit der Liebe offenbart sich in der Treue. Sie ist dem Treulosen nur vorerst ein Ärgernis, denn ausharrende Treue wird ihn in seiner Sehnsucht nach Treue schliesslich zu einem Treuen, also zu einem Liebenden und somit zu einem Glaubenden machen. Denn Treue gibt es nur durch, mit und in Gott. Nur Gott ist unter allen Umständen treu. Die menschliche Treue ist ungewiss; gewiss ist die Treulosigkeit des Gottlosen. Je mehr die Menschen Gott lieben, um so treuer sind sie, um so mehr lieben sie sich gegenseitig. Es gibt keine Treue ohne Liebe, und es gibt keine Liebe ohne Treue.

In diesen Rohrherzen ist es einfach unheimlich, Vater Franziskus; die Verschlungenheit der Wirrnis sei Zufall, sagen die Wissenschaftler, nachdem sie selbst die Verwirrung angestiftet haben. Der beste Beweis gegen den Zufall ist die Treue.

Wie meinst du das, Gotteslöwe?

Man kann nicht zufällig treu sein.

Das stimmt allerdings; aber ob das ein Beweis gegen den Zufall ist? Was meinst du, Bruder Antonius?

Ein Beweis gegen den Zufall ist die Treue nicht. Aber mit dem, was Frater Leone da sagt, macht er seinem Löwenlamm Ehre; das Brüllen ist gut, und das Blöken ist weise. Denn eine Welt, die sich als das Produkt eines Spiels von Zufällen und physikalisch-chemischen Notwendigkeiten sieht, kann nur treulos sein. Die absurden Spekulationen von einer Selbstorganisation der Materie hat in den Menschen die Treue zerstört, weil man — wie das Löwenlamm gesagt hat — einem Zufallsprodukt nicht zufällig treu sein kann. Die Folgen eines Zufallsprodukts, das der Mensch nach der Ansicht der Materialisten sein muss, können logischerweise nichts anderes sein als wiederum Zufälle. Die Selbstorganisatoren der Materie dämonisieren sozusagen die Materie, indem sie ihr ein Verhalten zuschreiben, das eigentlich ihr eigenes Verhalten ist. Das Selbst der Selbstorganisation ist eigentlich das Selbst der Selbstorganisatoren, die — leider bloss bei diesem Denken — sich selbst vergessen. Es ist allein die Selbstvergessenheit der Selbstorganisatoren, die eine Selbstorganisation der Materie möglich beziehungsweise unmöglich macht. Während sie ihr Selbst in die Materie hineinprojizieren, verwechseln sie den Gegenstand — also das Lebewesen — mit der Voraussetzung des Gegenstandes, mit dem von ihrem Selbst gedachten Lebewesen. Oder wie Bruder Aristoteles sagen würde: Die Materialisten unterscheiden nicht zwischen der Form und der geformten Materie, zwischen der causa formalis und der von dieser geprägten causa materialis. Die Wörter scheiden und gescheit sind ja eng miteinander verwandt: Weil sie sich selbst — ohne Gott — für gescheit halten, können sie nicht unterscheiden. Deshalb hat der Herr gesagt: Haltet euch nicht selbst für klug. — Die Dämonisierung der Materie durch die Selbstorganisatoren besteht eigentlich darin, dass sie der causa materialis ihrer Atome eine causa formalis zudenken, welche die Atome — wie Bruder Nobelpreisträger Heisenberg bewiesen hat — nach den Ansichten der Wellenmechanik gar nicht haben können. Wenn man die Selbstorganisatoren daraufhin anspricht, so sagen sie, die Bilder von den Atomen und Molekülen in ihren Büchern seien eben bloss Modelle. Aber just diese Ausrede zeigt, dass sie nicht konsequent denken: Gerade in diesen Modellen besteht die Verwechslung des Gegenstandes mit der Voraussetzung des Gegenstandes, nämlich die Verwechslung der sinnlich wahrnehmbaren Materie mit den gedachten Atommodellen.

Die Treulosigkeit wird sich bald von selbst verraten, und aus der Selbstorganisation wird ein Selbstzerfall. Vater Franziskus, können wir jetzt nicht heimgehen? In diesen Rohrherzen wird es immer kälter und enger.

Was wir doch mit diesem Löwen im Lamm für Mühe haben, Bruder Antonius. Da sieht man wieder, dass der Mut des Löwen kleiner ist als der Mut des Lammes, der Mut zum Hochmut kleiner als der Mut zur Demut. Gewiss, Frater Leone, wie alle Lüge wird die Selbstorganisation von selbst zerfallen. Aber wir sind nicht gekommen, um zu warten, bis die Welt die Lächerlichkeit der materialistischen Naturwissenschaft von selbst erkennt. Denn es kann vorher viel Unglück angerichtet werden, weil es gefährlich ist, die Lebewesen als Mechanismen zu betrachten, viel gefährlicher, als die Mechanismen für Lebewesen zu halten. Das letztere vermag kein Leben zu erzeugen, aber das erstere tötet, weil es eine physikalisch-chemisch erklärbare Welt anstrebt eine tote Welt. Wir müssen deshalb hier bleiben, Gotteslamm. Die zur Selbstorganisation vergötzte Materie verführt die Jugend zur Gottlosigkeit, indem sie eine gottlose Erklärung der Welt vortäuscht. Viele Menschen glauben heute nicht an Gott, weil sie glauben, die Wissenschaft beweise, dass es Gott nicht gibt. Die Gottlosigkeit der Selbstorganisation, neuerdings — wie Bruder Antonius erklärt hat — durch eine sogenannte evolutionäre Erkenntnistheorie unterstützt, ist oft so hinterhältig, dass sogar katholische Theologen immer wieder auf sie hereinfallen. Obwohl es für den Glauben an die Wissenschaft einen viel stärkeren Glauben braucht, als um an Gott zu glauben, glauben heute mehr Menschen an die Wissenschaft als an Gott, weil der Glaube an die Wissenschaft den Hochmut und die Eitelkeit zulässt. Das Wachstum der Saat ist ihnen zu langsam, sie wollen alles selbermachen; sie wollen arbeiten ohne zu beten. Doch beten und arbeiten heisst: Säe, hege die Saat, aber versuche nicht an den Halmen zu ziehen. Du siehst, Gotteslöwe, wir müssen unseren Pilgerweg durch die Rohrherzen weitergehen.

Wenn nicht unwürdige Priester die heilige russische Erde den Reichen und Mächtigen verschachert hätten, so könnten die Bolschewiken jetzt nicht mit dem Palaverhund dieses grosse Gottesland vergeifern, so dass wir auch noch durch Sibirien pilgern müssen.

Was sagst du da, Frater Leone?

Das haben wir doch bei den Sowjets gesehen, wo die Wissenschaftler mit dem Geifer des Palaverhundes beweisen wollen, dass es keine Seele gibt.

Bruder Antonius, verstehst du das?

Vater Franziskus, ich glaube, Frater Leone meint den Pawlowschen Hund.

Ich kann eben nicht lateinisch.

Gerade deshalb hast du wieder gut gebrüllt, Gotteslöwe. Die Summe der Schlüsse, die Bruder Pawlow aus seinen Hundeversuchen gezogen hat, ist ein Kurzschluss. Da lässt er einen Hund hungern, hält ihm schliesslich einen Fleischnapf vor die Schnauze und stellt fest, dass der Speichel des Tieres fliesst. Dann lässt er ihn wieder hungern und läutet, während er ihm den Napf vorhält, eine Glocke. Wieder fliesst der Speichel. Nachdem Bruder Pawlow das einige Male wiederholt hat, lässt er den Fleischnapf weg und läutet bloss die Glocke, um festzustellen, dass der Speichel des Tieres auch ohne Fleisch fliesst. Das arme Tier wird ja durch den Glockenton an das Fleisch erinnert. Bruder Pawlow nennt das einen bedingten Reflex, mit dem er beweisen will, dass die Seele des Hundes mit ihren Erinnerungen nichts anderes sei, als eine Summe solcher Reflexe. Das allein schon ist ein Kurzschluss; aber sein Schluss ist noch kürzer: Er schliesst vom Hund auf den Menschen. Der Mensch kann nach viel Höherem Sehnsucht haben als bloss nach dem, das er sehen, hören, riechen, schmecken oder anfassen kann. Er kann nach Liebe Sehnsucht haben — nach Gott. Das hat Bruder Pawlow selbst bewiesen, als er in seinen alten Tagen die wenigen Kirchen aufsuchte, die nach der Revolution in Russland noch zugänglich waren; eine Revolution, zu deren Erfolg er mit seinem wissenschaftlichen Materialismus viel beigetragen hat. Da Bruder Pawlow der Sohn eines russischen Priesters war, erinnerte er sich vielleicht an das, was Bruder Augustinus ganz am Anfang seiner Bekenntnisse sagt: Gross bist du, o Herr, und hoch zu preisen, gross ist deine Kraft und unermesslich deine Weisheit. Und preisen will dich ein Mensch, der doch nur ein Stücklein ist deiner Kreatur, ein Mensch, der einhergeht unter dem Druck seiner Sterblichkeit, dem Zeugnis seiner Sünde, dem Zeugnis, dass du den Hochmütigen widerstehst. Und doch, preisen will dich ein Mensch, dies Stücklein deiner Kreatur. Du selbst aber gibst den Antrieb; so beglückt es ihn, dich zu preisen. Denn zu dir hin hast du uns geschaffen, und unruhig ist unser Herz, bis es ruhet in dir. — Obwohl die Wissenschaftler die Kürze des Pawlowschen Schlusses längst eingesehen haben, graben sie seinen Hund doch immer wieder aus der Erde, die er mit seinem Geifer vergiftet hat. In Russland, in diesem Land der Seele, begegnet den Materialisten immer eindringlicher, was es nicht geben darf: die Seele. So versuchen sie dem Unausweichlichen mit einer Wissenschaft entgegenzutreten, die sie Parapsychologie oder Psi-Forschung nennen. Es darf alles sein, nur nicht die Seele und um Gottes willen nicht Gott. Stolz erheben sie ihre Köpfe, und aus ihren Rohrherzen tönt es: Gott sei Dank bin ich Atheist!

Liebe Brüder, Hochmut und Eitelkeit machen den gescheitesten Menschen dumm. Die Dummheit des stolzen Wissens ist besonders gross, weil sie ja die Gescheitheit überragen muss, sonst würde sie von der Gescheitheit gesehen. Die Sache mit dem Hunger und der Glocke hat schon Vater Abraham gewusst, als er sein Vieh zur Krippe läutete. Die Wissenschaftler sagen, die Naturwissenschaft sei eine Quelle der Objektivität, und vergessen dabei, dass die Quelle der Wissenschaft der Mensch ist und nicht die Natur. Also das Subjekt und nicht das Objekt; der Mensch begegnet deshalb auch in der objektivsten Wissenschaft stets sich selbst und — wenn er nicht bei sich selbst stehen bleibt — schliesslich Gott. Der Hochmut der intellektuellen Eitelkeit ist so hoch, dass er die Niedrigkeit seines Denkens aus der Höhe des Turms von Babel nicht zu erkennen vermag.

Warum schauen sie nicht mit dem Fernrohr?

Das ist wahr; warum schauen sie mit ihren Rohren nicht in die Niedrigkeiten ihres Turms? Was meinst du, Bruder Antonius?

Weil die Wände der Fächer die Sicht verhindern. Diese Wissenschaftler sind keine Gelehrten und schon gar keine Weisen, dazu haben sie viel zuwenig Zeit. Sie sind Fachmänner, für die die Wissenschaft ein riesiger Schrank mit Fächern ist, in die sie sich einschliessen. Der moderne Turm von Babel hat keine Fenster, er ist vollklimatisiert und hat eine sterile Atmosphäre. Das sagt auch der Bruder Philosoph Joseph Bernhart, der unseren Sonnengesang so schön ins Deutsche übersetzt hat. Die Fachmänner und Fachfrauen betrachten die abgegrenzten Fächer als ihr geistiges Eigentum, von welchem wir ja schon gesprochen haben. Wenn die Jugend von Fachidioten spricht, so weiss sie vielleicht gar nicht, dass dieser Ausdruck eigentlich Facheigentümer bedeutet. Das Wort hängt mit dem griechischen idios und idiotes zusammen, was soviel wie eigen und Eigentümer heisst. Die Fächer eines Schrankes sind aus dürrem Holz, also aus toten Bäumen gemacht. Was die Wissenschaft aber sein soll, ist ein lebendiger, grüner Baum, dessen Äste und Zweige miteinander verbunden sind und Früchte tragen, welche Geist und Seele Nahrung sein können.

Das wäre eine gute und schöne Wissenschaft; ein Baum ist immer schöner als der schönste Schrank. Er ist mit der Erde verwurzelt, und seine Krone ragt himmelwärts, ohne in den Himmel wachsen zu wollen. Wie die Menschen gehört der Baum der Erde und dem Himmel. Vater Franziskus, eine solche Wissenschaft wäre keine Rohrmechanik, die Rohrherzen macht.

Ja, Frater Leone, du hast recht; auch ich bin sicher, dass eine Wissenschaft vom Baum des Lebens keine Blähköpfe und Schrumpfherzen hervorbringt. Oder nicht, Bruder Antonius?

Es ist schon so, wie unser Gotteslöwe sagt; die Schönheit ist etwas Entscheidendes. Die Griechen haben die Welt Kosmos genannt, was soviel wie Ordnung, Harmonie und Schönheit heisst. Auch bei den Römern hiess mundus sowohl Welt als auch Schönheit. Die Schönheit ist — wie alles Entscheidende — nicht messbar. Deshalb kann die Messrohrwissenschaft der Welt in der Bedrängnis, die sie durch ihren Hochmut, das Unmessbare messen zu wollen, verschuldet hat, nicht helfen. Die Schönheit hat wohl strenge Masse, aber sie kann mit Apparaten und Instrumenten nicht gemessen werden. Die Rohrherzigen haben mit der Eitelkeit des Versuchs, die Schönheit zu messen, das Antlitz der Mutter Erde verwüstet. Wenn man sie dessen anklagt, fordern sie Beweise für die Verwüstung, und unter Beweisen verstehen sie Messungen. Aber auch das Gegenteil der Schönheit, die Hässlichkeit, kann mit Apparaten nicht gemessen werden. Somit bestreiten sie die Verwüstung, weil für sie nur das Messbare Wirklichkeit ist. Aber das Licht der Hoffnung leuchtet in der Finsternis des Materialismus: Die Kraft der kommenden Kultur, des verwirklichten Christentums, die bedingungslose Liebe, wird das Antlitz der Erde wieder schön machen. Mutter Erde wird aufblühen wie eine geliebte Frau.

Jetzt ist ihr Antlitz von Schmerzen verzerrt, weil ihr heiliger Schoss von Legionen raffinierter Maschinen bedroht wird. Perlen von Tränen schmücken die Unsterblichkeit der Schönheit der Schöpfung. O Gott, Bruder Antonius und Frater Leone, lasst uns beten: *Herr Jesus Christus, erbarme dich der Menschen und hilf ihnen zu leben und zu arbeiten, dass sie immer den Willen des Vaters erfüllen, so dass sie wissen, dass alles, was ihnen geschieht, der Wille des Vaters ist — auch wenn sie es nicht wollen. Gib ihnen Liebe, Kraft und Mut zur Demut, den Willen des Vaters immer dankbar anzunehmen, in Freud und in Leid. Herr Jesus Christus, der du herrschest mit dem Vater in der Einheit des Heiligen Geistes, hilf den Menschen das ora et labora zu leben, so, dass ihr Gebet Arbeit und ihre Arbeit Gebet ist, Amen.*

Und ich will um eine gnadenbringende Armut beten, Vater Franziskus, zur Befreiung der Menschen aus dem Sklavenhaus des Komforts, den sie mit Freiheit verwechseln. Ich will um die Gnade der Armut beten, damit dieser Babelturm langsam zerfällt und nicht einstürzt und eine unheilvolle Armut bringt. Darf ich um diese Armut beten?

Aber gewiss, Gotteslöwe, es ist dies ja unsere Armut, das Bündnis mit dem Reichtum Gottes. Einen anderen wirklichen Reichtum als diese Armut gibt es nicht. Der Reichtum an irdischen Gütern ist arm an Geist, statt arm im Geist, wie der Herr in der ersten Seligpreisung sagt.

Vater Franziskus, du bringst mich auf einen Gedanken. In der Wissenschaft von Bruder Galilei gibt es die goldene Regel der Mechanik. Sie heisst: Was du an Kraft gewinnst, verlierst du an Weg, und was du an Weg gewinnst, verlierst du an Kraft. Ich meine, diese Regel kann man mutatis mutandis auf die Wissenschaft anwenden: Was du an Geist gewinnst, verlierst du an Materie, und was du an Materie gewinnst, verlierst du an Geist. Die moderne Naturwissenschaft hat durch ihre Einengung des Geistes auf das Messbare ungeheure materielle Kräfte gewonnen. Da sie mit all ihrem Wissen um die Materie dem geistigen Reichtum in der Schönheit der Schöpfung ratlos gegenübersteht, versucht sie, den Geist durch die Materie zu ersetzen. Deshalb sucht sie in diesem Reichtum die allerprimitivsten Zustände, weil sich diese mit physikalisch-chemischen Prozessen gerade noch erklären lassen, um dann daraus alles zu erklären. Die Wissenschaftler des Materialismus sind gezwungen, zu be-greifen, um zu erklären. Denn ihr Erkenntnismittel, das Laboratoriumsexperiment, ist stets ein Be-greifen, ein Greifen mit Händen. Alle diese Experimente sind Hand-lungen, mit welchen sie das Unerklärliche erklären wollen. Aber das Unerklärliche stellt höhere Ansprüche; es will verstanden sein. Etwas begreifen heisst noch nicht, etwas verstehen. Ver-stehen ist mehr als Be-greifen, weil nur der Ver-stehende zu geben vermag, der Be-greifende ist gezwungen zu nehmen. Im Ver-stehen kann sich die Hand öffnen, beim Be-greifen muss sie sich schliessen. Begreifen und Verstehen unterscheiden sich wie Nehmen und Geben, wie Haben und Sein — wie Habsucht und Liebe. Die moderne Naturwissenschaft will die Welt begreifen, sie nimmt, statt zu geben, deshalb wird die Erde im Atomzeitalter täglich ärmer. Die Naturforscher des verwirklichten Christentums der kommenden Kultur, die aus Sehnsucht und nicht aus Neugierde forschen, werden danach streben, die Natur mit offenen Händen und Herzen zu verstehen. Wie die Botschaft unseres Herrn kann auch die Natur, deren Herr Christus ist, nur verstanden und nicht begriffen werden. Das sollten vor allem jene Theologen verstehen, die — wissenschaftsgläubig — versuchen, das Evangelium zu begreifen und die Wunder des Herrn wissenschaftlich zu erklären. Wenn die Materialisten den Mut zur Demut hätten, würden sie einsehen, dass die Schöpfung auch in ihren primitivsten Bereichen mit Chemie und Physik nicht begriffen werden kann, weil selbst eine Amöbe viel mehr ist als Chemie und Physik. Sie ist Leben. Demut heisst, den Mut haben, sein Leben für Gott hinzugeben.

Jetzt verstehe ich, warum die Materialisten immer so schreien.

Wieso, Frater Leone?

Weil sie meinen, das Leben stamme von den Möwen ab.

O Gotteslamm, sei uns nicht böse, wenn wir herzlich lachen! Diese Tiere sind keine Vögel, sondern winzige Lebewesen, die aus nur einer einzigen Zelle bestehen. Sie heissen nicht Möwen, sondern Amöben. Aber im tiefsten Grund hast du wieder recht, Frater Leone. Wegen der Humorlosigkeit des Materialismus können die Materialisten nicht lachen und müssen deshalb schreien. Das Antlitz des Materialismus ist die Hässlichkeit, weil es keine Schönheit ohne Lachen gibt. Das Lachen ist etwas Göttliches und somit in seiner Ebenbildlichkeit etwas ganz typisch Menschliches. In den materialistischen Staaten ist der Humor von den Machthabern gefürchtet, weil er sie entlarvt. Es gibt einen menschlichen und einen tierischen Ernst; der tierische Ernst ist humorlos, weil die Tiere nicht lachen können. Es besteht ein grosser Unteschied zwischen Lachen und Gelächter; Ursache des Gelächters ist nicht Humor, sondern Schamlosigkeit. Wie tragisch die Schamlosigkeit auf den Schamlosen zurückschlagen kann, zeigt Bruder Freud, der sagt, dass ein Mangel an Scham ein sicheres Kennzeichen von Schwachsinn sei.

Und noch etwas, Bruder Antonius, gäbe es dazu zu sagen. Die Möwentheorie von Frater Leone weist auf etwas Wichtiges hin: Ein Lachen kann leise sein, ein Gelächter aber ist immer laut; das Lachen wird von Scham, das Gelächter von Schamlosigkeit beherrscht. Wenn das Gelächter versucht, leise zu sein, so entsteht ein Grinsen. Leises Lachen hingegen ist etwas vom Zartesten, das es gibt: das Lächeln. Im Lachen spiegelt sich der Humor Gottes, im Grinsen der Spott des Teufels. Der an Gott glaubende Mensch kann sich mit der Beantwortung einer Frage immer Zeit nehmen, weil die Wahrheit nicht veraltet. Er kann auch Fragen offenlassen und sie als göttliches Geheimnis verehren; er kann langsam und leise sein und mit einem vom Wort getragenen Schweigen sprechen. Der Materialist muss schnell und laut auf jede Frage eine plausible — applausible — Antwort haben, weil er auf dem Nichts, auf dem er steht, den Boden ununterbrochen selbst hervorbringen muss. Er kann sich nicht leisten, zu schweigen, weil er sonst schnell vergessen wird. Die schnellen und plausiblen Antworten und Erklärungen sind sozusagen Zeichen, an welchen man Materialisten und Atheisten erkennt. Der Lärm der Geschwindigkeit zerstört die Stille, deren es für das Wachstum des Glaubens bedarf. Lärm und Geschwindigkeit sind unentbehrliche Verbündete des Bösen. Im Glauben schwach werden, heisst, den Weg in die Heimat aufgeben.

Ja, Vater Franziskus, und deshalb fällt es mir als Wissenschaftler schwer, das nicht zu tun, was Frater Leone auch nicht tun darf: hinüberzuschauen in den Himmel. Und doch brennen mir die Lippen, meinen Brüdern Wissenschaftlern zu sagen, dass ihr verwickeltes Wissen nicht wahr sein kann, auch wenn es noch so richtig ist. Der Herr sagt: Ich bin der Weg und die Wahrheit und das Leben. Gott ist die Wahrheit, und Gott ist jedem Menschen zugänglich, also ist auch die Wahrheit jedem Menschen verständlich. Darin besteht der wesentliche Unterschied zu den vielen Richtigkeiten der Wissenschaft. Die Welt mit Gott ist so einfach, dass sie jeder versteht. Die Welt ohne Gott — das Weltbild der materialistischen Naturwissenschaft — ist so verwickelt, dass niemand es verstehen kann: auch die Wissenschaftler nicht. Es gibt ebensoviele Welterklärungen wie Welterklärer, und weil es noch nie so viele Wissenschaftler gegeben hat wie im Atomzeitalter, wächst die Zahl der Welterklärer täglich. Und weil alle Erfolg haben wollen, bekämpfen sie sich gegenseitig mit ihren Richtigkeiten, die sie zur Erklärung der Welt anbieten. Auf dem Bestsellermarkt ist ein richtiger Welterklärungskonkurrenzkampf im Gang, bei welchem die Favoriten nicht älter werden als ein paar Jahre. Aber die Menschen, die die moderne Naturwissenschaft begründet haben, waren gottesfürchtige Männer. Erst durch den Hochmut des Glaubens an die Machbarkeit aller Dinge ist die Gottlosigkeit in die Wissenschaft eingedrungen. Zum Beispiel schreibt Bruder Newton in dem seiner Philosophia naturalis principia mathematica angefügten Scholium generale: Dieses sehr erlesene Gefüge aus Sonne, Planeten und Kometen konnte nicht ohne den Plan und die Macht eines vernunftbegabten und mächtigen Wesens entstehen. Er lenkt alle Dinge, nicht als Seele der Welt, sondern als Herr des Universums... Aus einer blinden metaphysischen Notwendigkeit, die immer und überall absolut identisch wäre, entsteht keine Vielfalt, keine Mannigfaltigkeit der Dinge. Die ganze Wahrheit der Dinge, einschliesslich Raum und Zeit, konnte nur aus den Ideen und dem Willen eines Wesens entstehen, das notwendigerweise existiert. — Damit erfüllt Bruder Newton, was Bruder Bernhard von Clairvaux von einem Wissenschaftler verlangt: Es gibt Leute, die nur wissen wollen, um zu wissen; das ist ein niedriger Wissensdrang. Andere suchen kennenzulernen, um selbst bekannt zu werden: das ist schmähliche Eitelkeit, und diese Leute entgehen nicht dem Spott des satirischen Dichters, der, an ihresgleichen gerichtet, sagt: Für dich ist Wissen nichts, wenn nicht ein anderer weiss, dass du weisst. Dann gibt es noch Leute, die sich das Wissen aneignen, um es weiterzuverkaufen, um zum Beispiel Geld und Ehren herauszuholen: ihr Motiv ist hässlich. Aber manche wollen wissen, um zu erbauen: das ist Nächstenliebe. Andere, um erbaut zu werden: das ist Weisheit. Nur die Menschen dieser beiden letzten Kategorien missbrauchen das Wissen nicht.

Deshalb ist Bruder Einstein Klempner geworden.

Stimmt das, Bruder Antonius?

Es ist nicht ganz so, wie Frater Leone sagt.

Aber ich habe es selbst gehört, wie Bruder Einstein das gesagt hat, als wir in den amerikanischen Universitätsröhren waren.

Bruder Einstein hat nach dem Abwurf der Atombomben auf Hiroshima und Nagasaki gesagt, dass er nie wieder einen Beruf erlernen würde, bei dem mit Wissenschaft Geld verdient werden muss. Als man ihn dann fragte, was er denn für einen Beruf ergreifen würde, sagte er, Klempner. Bei den Naturwissenschaftlern kam die Einsicht eben spät, und noch sind die meisten uneinsichtig. Nur wenige vermögen vorauszusehen. So der Bruder Philosoph Colonnetti von der Akademie der Wissenschaften in Rom, der ein Jahr vor der Atombombe sagte: An die Stelle der Suche nach dem Wahren hat man allmählich die Suche nach dem Nützlichen gesetzt. Die jungen Menschen, die sich früher an die Lehrer des Denkens wandten, um ihre Einsicht, ihr Verständnis zu erhellen, begannen nach den Geheimnissen der Natur zu fragen, aus der materielle Güter in so grosser Fülle hervorquellen. Schliesslich ist man dahin gekommen, dass man unter den verschiedenen Zweigen des Wissens nicht jene höher bewertete, die die höchsten Gipfel des Denkens anstreben, sondern jene, die sich bei der praktischen Anwendung als fruchtbarer erwiesen. — Und nahezu vierzig Jahre später hielt der Heilige Vater Johannes Paul II. eine bedenkenswerte Ansprache an die Teilnehmer der Vollversammlung der Päpstlichen Akademie der Wissenschaften, es war am 12. November 1983, wo er sagte: Die waffenlosen Propheten sind zu allen Zeiten Ziel des Spottes gewesen, besondes von seiten erfahrener Politiker, Anhängern der Macht. Aber muss unsere Zivilisation heute nicht erkennen, dass die Menschheit solche Propheten braucht? Müssten sie nicht als einzige von der Gemeinschaft der Wissenschaftler in aller Welt einmütig gehört werden, damit die Laboratorien und Werkstätten des Todes den Laboratorien des Lebens Platz machen? Der Wissenschaftler kann seine Freiheit dazu benützen, den Bereich seiner Forschung zu wählen. Wenn es in einer bestimmten historischen Situation nahezu unvermeidlich ist, dass eine gewisse wissenschaftliche Forschung für aggressive Zwecke eingesetzt wird, muss er eine Wahl treffen, die es ihm ermöglicht, am Wohl des Menschen, an der Errichtung des Friedens mitzuwirken. Durch die Ablehnung bestimmter Forschungsbereiche, die unter den konkreten geschichtlichen Bedingungen unweigerlich für Ziele des Todes bestimmt sind, sollten sich die Wissenschaftler der ganzen Welt vereinen in dem gemeinsamen Willen, die Wissenschaft zu entwaffnen und eine von der Vorsehung gesandte Friedenskraft darzustellen. Vor diesem Schwerkranken in Todesgefahr, wie es die ganze Menschheit ist, müssen die Wissenschaftler in Zusammenarbeit mit allen anderen Menschen der Welt der Kultur und mit den sozialen Einrichtungen ein Werk der Rettung vollbringen ähnlich jenem des Arztes, der den Eid geleistet hat, alle seine Kräfte für die Heilung der Kranken einzusetzen. — Dies sind Worte des Heiligen Vaters, mit denen er klar die Engherzigkeit der materialistischen Wissenschaft zum Ausdruck bringt, dieses eindimensionale Denken, das die Herzen eindimensional macht.

Sind Rohre eindimensional, Bruder Antonius?

Eigentlich sind sie das, Frater Leone.

Auch die Fern- und Nahrohre der Wissenschaft?

Im Grunde genommen, ja. Löwenlamm, ganz in der Tiefe triffst du immer wieder die Wahrheit. Das eindimensionale Denken des Materialismus kommt tatsächlich aus der Messrohrwissenschaft.

Als wir in Moskau waren, stand vor dem Grabhaus von Bruder Lenin eine lange Menschenschlange, gerade so, als ob sie in einem Rohr eingeschlossen wäre. Ist das eindimensional?

Ein besseres Bild vom eindimensionalen Denken der Materialisten könnte man sich gar nicht denken. Vater Franziskus, wie gut es doch ist, dass wir Frater Leone auf unserer Rohrherzwanderung dabeihaben! Wenn die Menschen, die beispielsweise in Rom in den Petersdom oder an einem anderen Ort in ein Heiligtum der Christenheit gehen wollen, sich hintereinander in eine Reihe stellen müssten, so würde diese Reihe immer länger und länger werden und würde nie ein Ende finden. Natürlich ist es für den Zuschauer eindrucksvoll, wenn er auf dem Roten Platz diese Hunderte von Metern lange Menschenreihe sieht, die den toten Revolutionär sehen will. Aber wenn die Kirche auch eindimensional denken würde, so würden von vielen Kirchen der Christenheit nach allen Himmelsrichtungen über das ganze Erdenrund hin Menschenschlangen ausgehen, gegen welche die Leninschlange in Moskau ein kleiner Wurm wäre.

Bruder Antonius, das Bild vom Materialismus, das Frater Leone uns da gegeben hat, ist beeindruckend. Aber wir wollen es aus Liebe zu den Brüdern Materialisten nicht breitschlagen. Wir wollen vielmehr für sie beten, dass sie aus der Enge ihrer Freiheit von Gott in die unermesslichen Weiten der Freiheit für Gott befreit werden. Als Vater hat Gott die Menschen aus Liebe auf sich hin geschaffen, um von seinem Ebenbild geliebt zu werden. Er hat die Unendlichkeit der in ihm bestehenden Liebe um die in sich grenzenlos seiende Liebesfähigkeit des Menschen gemehrt. Wenn Eltern ihre Kinder aus Liebe zeugen, so wohnt in ihnen die Sehnsucht nach der Liebe ihrer Kinder. Ebenso möchte Gott von seinen Kindern geliebt werden. Aber sowenig die Eltern auch mit der allergrössten Liebe ihre Kinder zwingen können, sie zu lieben, sowenig kann Gott die Menschen zwingen, ihn zu lieben. Mit einem solchen Zwang nähme er dem Menschen die Substanz des Menschseins: die Freiheit. Der Mensch sollte nicht fragen, warum lässt Gott das Böse in der Welt zu, sondern er sollte fragen, warum lässt Gott es zu, dass ich böse bin. Und böse sein heisst, die Freiheit zu missbrauchen, sich gegen Gott zu entscheiden. Also die Frage heisst nicht, warum lässt Gott das Böse in der Welt zu, sondern warum lässt Gott mich böse sein. Und die Antwort lautet: Weil Gott jeden einzelnen Menschen ganz ernst nimmt und daher seine Freiheit unbedingt respektiert. So wie der Vater im Gleichnis vom verlorenen Sohn die Freiheit seines Sohnes bedingungslos respektierte, den reuigen Heimkehrer aber in Barmherzigkeit wieder in sein Haus aufnahm — und zwar mit Freuden. Weil das Böse in der Welt aus dem Hochmut kommt, kann es nur mit einem grösseren Mut überwunden werden: mit dem Mut zur Demut.

Sei gelobt, mein Herr,
durch unsern Bruder
Tod des Leibes,
dem kein Lebender entrinnen kann.
Weh, ach, denen,
die sterben in Todessünden.
Selig jene, die sich gefunden
in Deinem heiligsten Willen,
denn ihnen kann der zweite Tod nicht an.
Lobet und preiset meinen Herrn
voll Dankbarkeit
und dienet ihm
in aller Demut.

Meine lieben Brüder, schaut, dort hinter den finstern Wolken wird es hell.
Die hohe Frau, unsere Schwester Sonne scheint wieder.
Das Atomzeitalter wird alt — bald stirbt es. Immer mehr Menschen glauben wieder an Gott.
Bruder Tod bedeutet ihnen nicht mehr das Ende.
Er ist wieder, was er immer war. Die Pforte zum unverhüllten Leben; zum Wirkenden der Wirklichkeit.
Die Pforte, durch die Bruder Michelangelo schaute, wenn er sagte, dass der tägliche Gedanke an seinen Tod ihm Schaffenskraft gebe.
Die Kraft des Gebets, das Arbeit ist, und die Kraft der Arbeit, die Gebet ist.
Das Gespräch mit Gott — mit unserem Vater.
Das königliche Recht des Menschen.
Das Gefäss der Liebe kehrt unversehrt aus den Katakomben zurück — die Schönheit.
Die Wiesen werden nicht mehr chemisch rein sein, sondern wieder von Blumen strahlen, und das Feuer des Mohns wird im Gold der Kornfelder leuchten.
Der Frühling wird nicht stumm werden, nein!

Schaut doch, wie sich die Herzen weiten!
Der Tod ist kein Tabu mehr.
Die Wahrheit wird nicht mehr von einer Meute von Richtigkeiten gejagt; die Dialektik erstickt in ihrer Lüge.
Im Königtum der Freiheit für Gott werden die Menschen aus der Gefangenschaft ihrer Freiheit befreit, in der sie von Gott frei sein wollen. Bruder Gottfried Keller aus Zürich hat dieser verirrten Freiheit einen Spruch ins Stammbuch geschrieben:
Wenn das Freiheit ist,
Dass jeder tu' nach seiner Lust,
So sind die Säu' ein freies Volk
In ihrem Wust.
Bruder Gottfried war ein Eidgenosse mit einer Freiheit für Gott; Bruder Lenin, der in Zürich ganz in der Nähe des Dichters gewohnt hat, war ein Marxist mit einer Freiheit von Gott. Die Schweiz besteht seit siebenhundert Jahren. Das heilige Russland wird die Sowjetunion viele Jahrhunderte überleben. Ohne Gott wird kein Staat alt.
In seinem Erdendasein konnte der Herr für die Menschen nicht mehr tun, ohne ihnen die Freiheit zu nehmen.
Menschsein heisst Freiheit, sich für oder gegen Gott entscheiden zu können.
Der Herr ist mit seinen Wundern an die äusserste Grenze gegangen; mit einer stärkeren Demonstration seiner Macht hätte er die Menschen gezwungen, zu wissen, statt zu glauben. Er hätte ihnen die Freiheit genommen, weil Liebe nur geglaubt und nicht gewusst werden kann. Daher hat er das Stärkste bei seinem Eingreifen in die Kräfte der Natur, seine Auferstehung, im Verborgenen getan und ist als Auferstandener in der verklärten Materie seines Leibes nur den wenigen Menschen erschienen, die ihn von ganzem Herzen liebten.
Dort, wo es am Horizont des Rohrherzenlandes hell wird, glauben die Menschen wieder an die Auferstehung des Herrn.

Vater Franziskus, die Menschen können eben ohne Wunder nicht leben; als man die Wunder des Herrn wegen der Naturwissenschaft zu bezweifeln begann, sprach man von den Wundern der Technik. Das einzige Wunder der Technik ist das Wesen, das die Technik hervorzubringen vermag: der Mensch. Im Atomzeitalter sind die Wissenschaftler damit beschäftigt, dem Turm von Babel die Spitze aufzusetzen. Sie wollen mit den Wundern der Gentechnik den Menschen besser machen, als Gott ihn gemacht hat. Es versteht sich, dass nach dem Aufsetzen der Spitze der Turm nur noch kleiner werden kann.

Bruder Antonius, nicht so spitz! Schon wird ja der Turm kleiner; er zerfällt, weil er auf Sand gebaut ist. Die Mauern des Materialismus halten der Kraft des Gebets nicht stand. Wir wollen auch für jene beten, die im Turm sind, dass sie ihn verlassen, bevor er einstürzt. Wir sollen ja nicht danach streben, geliebt zu werden, sondern Liebe zu bringen, wo man sich hasst.

Ja, und es sind die Mächtigen, die am meisten hassen. Der Herr hat ihnen seine Macht verborgen, weil sie sonst um seine Gunst buhlen würden. Gott ist nicht für die Reichen und Mächtigen Mensch geworden, sondern für die Armen und Schwachen. Nicht die Wissenden, sondern die Glaubenden empfangen den Lohn, weil die Liebe — wie du sagst, Vater Franziskus — im Glauben und nicht im Wissen wurzelt; den Lohn für die Liebe zum Vater, nach der sich der Vater sehnt, weil er Liebe ist. Die Wissenschaftler, welche an die Wissenschaft und somit an sich selbst glauben und wegen dieses Glaubens keine Wissenschaftler, sondern bloss Wisser sind, fühlen sich durch die Wunder des Herrn in ihrer Freiheit, die sie als ihre Freiheit von Gott für sich selbst beanspruchen, beschränkt. Deshalb leugnen sie die Wunder und suchen wissenschaftliche Erklärungen für das wissenschaftlich nicht Erklärbare, wobei sie — vom Hochmut geblendet — ihre Unwissenschaftlichkeit nicht sehen. Und jene Theologen, die nicht aus dem Rahmen des Zeitgeistes fallen wollen, spinnen das Garn einer Theologie des Zumutbaren, aus welchem sie den Mythos der Entmythologisierung der Evangelien weben. Leider vergessen sie beim Applaus der Zumütigen, dass die Botschaft des Herrn von allem Anfang an unzeitgemäss und somit für die meisten unzumutbar war. Die Wunder sind für die wissenschaftsgläubigen Theologen entweder bloss als Gleichnisse oder — wenn es allzudeutlich Wunder sind — als Täuschungen zu verstehen.

Bruder Antonius, denke doch an die vielen anderen Theologen, die an Gott glauben; du selbst gehörst ja zu diesen.

Gewiss, Vater Franziskus, aber wenn die erfolgssüchtigen Wissenschaftsgläubigen auch in der Minderheit sind, richten sie doch grossen Schaden an. In der Geschichte der Menschheit gibt es nur wenige Verführer, aber viele Verführte. Die Lüge ist Honig für die Eitelkeit — und wer ist nicht eitel? Für einen Theologen, dem man glaubt, dass er glaubt, sind die Wunder des Herrn ebenso Wirklichkeit wie das Wunder seiner eigenen Existenz. Wer sich darüber wundert, dass es ihn gibt und nicht nicht gibt, der wundert sich über kein Wunder. Wer über sich selbst nachdenkt, wird nicht daran zweifeln, dass bei Gott noch viel Wunderlicheres als er selbst möglich ist. Bei Gott ist alles möglich, nicht nur Wunder. Zum Beispiel vermag er ein Kamel durch ein Nadelöhr und einen Reichen in den Himmel zu bringen. Weil Gott sich nie widerspricht, steht er für jene, die ihn mit dem Kopf erfassen wollen, im Zeichen des Widerspruchs. Da der Herr in seinem Erdendasein die Freiheit der Menschen unter allen Umständen respektiert hat, kann er ihnen auch den Preis der Freiheit nicht erlassen. Und dieser Preis kann die Sünde sein, wie der Herr es uns durch den Evangelisten Johannes sagt: Ein Knecht ist nicht grösser als sein Herr. Wenn sie mich verfolgt haben, werden sie auch euch verfolgen; wenn sie mein Wort gehalten haben, so werden sie auch das eure halten. Aber das alles werden sie euch antun um meines Namens willen, weil sie den nicht kennen, der mich gesandt hat. Wäre ich nicht gekommen und hätte nicht zu ihnen geredet, so hätten sie keine Sünde. Nun aber haben sie keine Entschuldigung für ihre Sünde. Wer mich hasst, hasst auch meinen Vater. Hätte ich nicht die Werke in ihrer Mitte getan, die kein anderer getan hat, so hätten sie keine Sünde. Jetzt aber haben sie gesehen und haben doch mich und meinen Vater gehasst.

O bin ich froh, o bin ich froh!

Worüber, Gotteslamm?

Über meine Dummheit.

Wer sagt, du seist dumm?

Wenn die Gescheiten wegen ihrer Gescheitheit nicht an die Wunder des Herrn glauben, bin ich eben dumm, weil ich daran glaube.

Hörst du, Bruder Antonius, wie unser Gotteslöwe euch Wissenschaftler anknurrt?

Und er knurrt gut, Vater Franziskus. Frater Leone ist ein Beweis dafür, dass Wissen noch lange nicht Gescheitheit, und dass Gescheitheit noch lange nicht Weisheit ist. Das Wissen eines Demütigen ist immer ausreichend, um weise zu sein. Hingegen machen auch Berge von Wissen aus einem Hochmütigen niemals einen Weisen, höchstens einen schnellen Gescheiten. Deshalb preist der Herr in seiner Allwissenheit den allwissenden Vater: Ich preise dich, Vater, Herr des Himmels und der Erde, dass du dieses vor Weisen und Klugen verborgen, Unmündigen aber geoffenbart hast. — Siehst du, Löwenlamm, wie gut es ist, unmündig zu sein in einer Zeit, wo so viele meinen, sie seien mündig, weil sie maulig sind.

Haben die Wissenschaftler Mäuler oder Münder?

Frater Leone, deine Frage ist ein wenig frech. Wenn du Bruder Antonius anschaust, hast du die Antwort. Und doch bringst du mich damit auf einen Gedanken. Wenn ich mich in den Rohrherzen umhöre, so laufen die Münder der Wissenschaftler wie Mühlen, die unaufhörlich Wissen mahlen, die tausendmal schneller klappern und plappern als alle Mühlen unserer Erdenzeit. Und jeder will zuerst mahlen, damit er den Nobelpreis bekommt. Eine Wissensmühle erinnert eher an ein Maul als an einen Mund. Aber die Gescheitheit hat es manchmal schwer, leise zu sein, und weil die Liebe leise ist, hat sie es auch mit der Liebe schwer. Darin besteht auch der Unterschied zwischen Weisheit und Gescheitheit; Weisheit ist leise und liebevoll. Wo die Liebe fehlt, fehlt auch die Barmherzigkeit. Manche gottesfürchtigen Theologen sehen in der Allwissenheit Gottes nur eine überragende Gescheitheit; sogar an gewissen Stellen seines Werkes der blitzgescheite Bruder Thomas von Aquin, der zur Welt kam, als der Vater mich zu sich nahm. Das Wissen um die Allwissenheit des Vaters hat den herzlosen Gedanken von der Prädestination in die Theologie gebracht, wo der Mensch von Gott von allem Anfang an entweder zur Seligkeit oder zur Verdammnis bestimmt sei. Es ist offensichtlich, dass ein solches Denken der Freiheit des Menschen widerspricht, die — wie der Herr in seinem Erdendasein gezeigt hat — von Gott unter allen Umständen respektiert wird.

Gott sei Dank!

Wofür Gotteslamm?

Dass es keine Prädestination gibt.

Schon schaust du wieder hinüber; du weisst, dass du das nicht darfst!

Ich habe nicht hinübergeschaut, Vater Franziskus.

Woher weisst du denn, dass es keine Prädestination gibt?

Weil ich sonst nicht selig geworden wäre.

Ach so. Allerdings! Aber so einfach ist die Sache auch wieder nicht. Und schon stecken wir mitten in den Fallstricken der Prädestinationstheologie. Da geben wir besser unserem Theologen das Wort. Was meinst du, Bruder Antonius?

Nun, ich meine, die einzigen, die durch eine Prädestination von der Seligkeit ausgeschlossen würden, wären die Prädestinationstheologen. Aber auch sie sind in der Allbarmherzigkeit des allwissenden Vaters eingeschlossen. Und sie könnten trotz der Prädestination selig werden, wenn sie so leben würden, wie es Bruder Franz von Sales als Bischof der von Bruder Calvin prädestinierten Stadt Genf getan hat. Da er sich als Student in Paris und in meinem geliebten Padua für die Verdammnis bestimmt glaubte, sagte er sich, dass er dann wenigstens Gott auf Erden aus ganzem Herzen lieben wolle. Auch Bruder Sören Kierkegaard war barmherzig, wenn er sagte, dass er nicht daran zweifle, dass alle gerettet werden, aber dass er gerettet werde, daran zweifle er. Die Prädestinationstheologen scheinen dem Kierkegaardschen Zweifel nicht unterworfen zu sein. Sie sind eigentlich die Physiker der Theologie, sie verwechseln Gott mit einem Mechanismus, der keine Freiheit und gar keine Barmherzigkeit kennt.

Ist das der deus ex machina?

Gar nicht schlecht, Frater Leone, wo du immer sagst, du könntest kein Latein. Er ist zwar nicht der Gott aus der Maschine des griechischen Theaters, aber verwandt mit ihm ist er. Nennen wir ihn deus ex machina theologiae. Die engherzigen Prädestinationstheologien haben dem Christentum viel Leid gebracht. Mit dem menschlichen Denken, das von der Logik zur Kausalität gezwungen und dadurch eingeengt wird, verweigern wir der Allwissenheit Gottes die Barmherzigkeit, die entsprechend seiner Allmacht eine Allbarmherzigkeit ist. Unser Verstand reicht eben nicht aus, um die Allwissenheit Gottes mit seiner unermesslichen Barmherzigkeit und der von ihm dem Menschen als Ebenbildschaft geschenkten Freiheit in Einklang zu bringen. Eigentlich sind die Prädestinationstheologien Sünden des schlimmsten Hochmuts, den es gibt: des Theologenhochmuts. Dieser Hochmut ist deshalb so schlimm, weil er die Menschen von Gott abbringen kann. Wenn Menschen von Chemie oder Physik abgebracht werden, ist das nicht sehr schlimm. Gewiss, auch der Naturwissenschaftlerhochmut ist ekelhaft, aber er richtet in den Menschenherzen keinen so grossen Schaden an. Der Mut zur Demut ist bei den Theologen wichtig, weil sie sonst dem Hochmut verfallen, zu meinen, ihr Verstand reiche aus, um Gott zu erfassen. Einem Hochmut, der sie blind macht für die Wirklichkeit, wo Gott uns etwas viel Grösseres erlaubt, als ihn zu denken: ihn zu lieben! Die Barmherzigkeit Gottes ist viel stärker als alle Logik des menschlichen Denkens. Sie ist ein Teil der göttlichen Logik, die über allen Grenzen unseres Verstehens liegt. Die Nachfolge Christi besteht nicht in einer Nachfolge seines Denkens, sondern seines Liebens; unser Kopf reicht für die Grösse Christi niemals aus, aber unser Herz, das immer noch grösser werden kann, als es schon ist. Die Liebesfähigkeit des Menschen ist unbegrenzt, nicht sein Intellekt. Die Prädestinationstheologien sind unbarmherzig und deshalb unchristlich. Sie muten Gott die Denkkategorien der menschlichen Logik zu — der Kopflogik, versteht sich! Aber schon die menschliche Herzenslogik, wie Bruder Blaise Pascal das höhere Denken genannt hat, zeigt, wieviel Raum die Liebe hat. Bruder Georg Cantor, der grosse Mathematiker, hat bewiesen, dass es bereits in der Mathematik viele Unendlichkeiten gibt, grössere und kleinere. Aber schon die kleinste Unendlichkeit ist unendlich gross.

So ist es mit der Liebe. Auch die kleinste Liebe ist unendlich; aber die grösste Unendlichkeit, die es gibt, die unendliche Unendlichkeit, könnte man mit Bruder Cantor sagen, ist die Liebe Gottes. Wenn auch der Geist des grössten Kopfes begrenzt ist, so ist selbst das kleinste Herz zu grenzenloser Liebe fähig. Die Unendlichkeit der Liebe Gottes ist unendlich viel mal grösser als die Unendlichkeit der Liebesfähigkeit des liebesfähigsten Menschen. Die unendlich vielen

Unendlichkeiten der Mathematik sind ein Schatten von den Unendlichkeiten der zwischen Gott und den Menschen aufgespannten Räume der Liebe. Die Theologen der Prädestination überschätzen die Kraft ihres Geistes ebenso, wie sie die Kraft der Liebe unterschätzen. Sie vergleichen ihren Geist sozusagen mit dem Geist Gottes, wo ihnen lediglich ein Vergleich ihrer Liebe mit der Liebe Gottes zusteht. Der Herr hat nichts von einer Prädestination nach den Gesetzen menschlicher Logik gesagt, aber viel von der Barmherzigkeit des Vaters. Der grosse Theologe Bruder Romano Guardini schreibt, dass Gott die Freiheit des Menschen niemals antastet, dass er mit seiner Allmacht gewissermassen seine Allwissenheit etwas nicht wissen lässt, wenn das um der Freiheit des Menschen willen erforderlich ist. Um die Grösse dieser Liebe zu fassen, ist unser Geist zu klein, nicht aber unser Glaube an den Vater und seine Barmherzigkeit. Der Mensch kann unermesslich mehr glauben, als er wissen kann. Auch wenn man etwas nicht wissen kann, kann man es glauben. Bruder Joseph Bernhart sagt: Man kann Gott nicht denken, aber man kann ihn lieben.

Noch etwas, Bruder Antonius, Herzenstheologe der du bist, ist zu bedenken. Die Botschaft des Sohnes von der Barmherzigkeit des Vaters hat den Menschen wohl durch das Blut des Sohnes Erlösung durch die Vergebung der Sünden gebracht. Aber sie hat jenen, die um diese Botschaft wissen, den Christen, auch eine erhöhte Verantwortung und dadurch eine Erschwerung ihrer Schuld gebracht. Mit ihren unbarmherzigen Göttern haben sich die Heiden viel Leid angetan. Aber an viel tieferem Leid sind jene Christen schuldig, die den Namen des barmherzigen Gottes um ihrer Habsucht willen unbarmherzig missbrauchen. Der Herr hat den Besitz von irdischen Gütern nicht verurteilt, aber er hat auch die Möglichkeit nicht gegeben, den Besitz mit seiner Lehre zu begründen. Ein Heide, der habsüchtig und liebelos lebt, ist ein schlechter Heide. Aber ein liebeloser und habsüchtiger Christ ist ein schlechterer Mensch als der schlechte Heide, weil er ein schlechter Christ ist. Denn er lebt im Wissen um die Wahrheit die Lüge. Der Schaden, den ein schlechter Christ anrichtet, ist viel grösser, als der Schaden, den ein schlechter Heide anrichtet. Der schlechte Heide schadet bloss der Welt, der schlechte Christ jedoch schadet dem Teuersten, das wir auf Erden haben: dem Evangelium. Er zerstört Brücken auf dem Weg zur Verwirklichung des Christentums, zur Gesellschaft des Friedens, zur Menschheit der bedingungslosen Liebe. Er geisselt den Herrn, indem er die Botschaft der Liebe als Mittel zur Erlangung materieller Macht missbraucht. Die Machthaber des Abendlandes haben in dieser Beziehung zur Zeit der Kolonisierung der Erde schwere Sünden begangen, für die Europa jetzt büssen muss. Eine schlimmere Sünde als den Missbrauch des Evangeliums gibt es nicht; es ist die Sünde wider den Heiligen Geist. Alle atheistischen Ideologien des Atomzeitalters sind eine Folge dieser Sünde.

Ein schlechter Heide ist ein schlechter Heide, aber ein schlechter Christ ist nicht einmal ein schlechter Heide.

Gotteslöwe, sei ein wenig mehr Lamm und denke an die Zeit, wo wir in unseren Eselein durch die Welt getrottet sind, dann ist dein Urteil nicht so selbstgerecht. Was du da sagst, ist ein Bonmot, aber eines, das man aus Liebe opfern muss.

Wie opfert man ein Bonmot?

Indem man es nicht ausspricht, indem du deinen Löwen schweigen lässt. Der Herr hat uns seinen Frieden gebracht: Frieden hinterlasse ich euch, meinen Frieden gebe ich euch. Nicht so, wie die Welt ihn gibt, gebe ich ihn euch. Euer Herz erschrecke nicht und verzage nicht. — Wenn ein Bonmot keinen Frieden bringt, muss man schweigen, auch wenn die Eitelkeit hinter den Lippen drängt. Wir dürfen den Frieden des Herrn nicht als etwas betrachten, das man besitzen kann. Sein Friede muss durch die tägliche Arbeit erbetet und gelebt werden. So ist das ora et labora zu verstehen. Den Frieden des Herrn leben heisst, seinen Frieden den andern bringen. Wer meint, er habe Christi Frieden im Besitz, dem schickt Gott als eine Mahnung solcher Eitelkeit Unfrieden. Je eitler er ist, je mehr er den Frieden des Herrn zu besitzen glaubt, um so mehr Unfrieden schickt ihm Gott, bis hin zum Streit mit dem liebsten Menschen, was einem Blick in die Hölle gleichen kann. Der selbstgerechte Anspruch auf Besitz von Frieden äussert sich meistens in der Beurteilung oder sogar Verurteilung von anderen Menschen und deren Taten. Der Unfriede, den Gott den Selbstgerechten schickt, hat einen tiefen Sinn und wirkt heilsam, wenn der Betroffene die Ursache des Unfriedens erkennt. Und wenn er um Erkenntnis bittet, wird sie ihm gegeben. Oftmals erst, wenn Bruder Tod zwischen die Streitenden tritt. Auch der Friede einer innigen Liebe zwischen Mann und Frau ist kein Besitz, der eine Verurteilung von anderen Menschen erlaubt, die sich nicht lieben. Erlaubt sich ein liebend Paar solche Selbstgerechtigkeit, so wird es der Vater mit eben dem Unfrieden belehren, den es — in der Meinung, den Frieden zu besitzen — bei den andern verurteilt. Die Belehrung geschieht meistens so, dass Gott den Bösen zwischen die Liebenden treten lässt, der ihnen gegenseitige Verurteilung in die Seele flüstert. So tun die Selbstgerechten dann schliesslich gegenüber sich selbst, was sie gegenüber den andern Menschen tun. Wenn die solchermassen Zerstrittenen um die Erhaltung ihrer Liebe beten, wird der Vater ihnen den Grund ihres Zerwürfnisses offenbaren. Er lässt sie ihre Selbstgerechtigkeit sehen und mahnt sie, dass die Versöhnung seines Sohnes, der Friede Christi, nicht in Besitz genommen, sondern nur gelebt werden kann durch das Bringen von Frieden, wo Unfriede herrscht. Also das, was die Aufgabe unserer Pilgerfahrt durch das Rohrherzenland ist. Das Bonmot, das unser Gotteslöwe gebrüllt, statt geopfert hat, brachte mich auf diese Gedanken. Kannst du, Bruder Antonius, als Theologe damit einverstanden sein?

Aber gewiss, Vater Franziskus! Der Friede des Herrn ist keine Privatsache wie die persönliche Sünde, die aus einer solchen Ansicht hervorgehen kann. Eigentlich ist die Meinung, den Frieden Christi im Besitz zu haben, schon Sünde. Nur eine Gemeinschaft, die mit den Aussenstehenden in Frieden leben will, kann auch unter sich in Frieden leben. Eine Familie, die Unfrieden in die Umwelt bringt, lebt auch mit sich im Unfrieden. Was für die Familie gilt, gilt für das ganze Volk; das beweist die Geschichte der Eroberungszüge. Nur wer mit Gott im Frieden lebt, kann auch mit den Menschen in Frieden leben. Und mit Gott im Frieden leben, heisst, Gott lieben. Nur wer Gott liebt, kann die Menschen lieben, und nur wer die Menschen liebt, kann auch die übrige Schöpfung lieben. Sogar die Liebe zum liebsten Menschen ist unmöglich ohne die Liebe zu Gott. Darauf beruht das Geheimnis des Sakraments der Ehe. — Warum lachst du, Frater Leone?

Weil ich daran denken muss, was der heilige Papst Pius der Zehnte zu einem Herrn Kardinal gesagt hat.

Und was hat er gesagt?

Der Herr Kardinal sprach mit dem Heiligen Vater über einen Freund, mit dem sie gemeinsam studiert hatten, der aber nicht Priester geworden war, sondern geheiratet hatte. Er sei ein begabter Theologe gewesen, sagte der Herr Kardinal, aber leider sei er in die Falle der Ehe gelaufen. Da blickte ihn der Heilige Vater lange an und sagte dann: So, so, ich habe gar nicht gewusst, dass der Herr sechs Sakramente und eine Falle eingesetzt hat.

Nun ja, Gotteslamm, schau, auch Vater Franziskus lacht. Aber jetzt wollen wir das Gebt der Familie hören, die die Erfahrung des Leidens aus der selbstgerechten Verurteilung von Menschen gemacht hat: *Gott, gib uns Frieden, damit wir den andern Frieden bringen können. Gib uns die Kraft, dich, unsern Vater, zu lieben, weil nur in der Liebe zu dir der Friede wohnen kann. Von dir, lieber Gott, getrennt zu sein, ist die Hölle. Der Unfriede zwischen uns war ein Bild der Hölle. Die Entzweiung zwischen uns war ein Bild vom Schmerz der Trennung von dir, Vater. Ein Bild vom Himmel ist der Friede zwischen uns, der wirkliche Himmel ist der Friede mit dir, Vater. Vereinigung — Verinnigung — mit dir ist Himmel, Trennung von dir ist Hölle. Barmherziger Gott, hilf uns, andern Menschen Frieden zu bringen, damit wir selbst in Frieden leben können. Unser Herr und Gott, wir danken dir für alles, auch für den Zwist, mit dem wir uns aus Mangel an Demut vor uns selbst gedemütigt haben, für die Hölle unserer Entzweiung danken wir dir als mahnendes Bild von der Hölle der Trennung von dir. Wir danken dir für diese Demütigung als eine Quelle der Demut, die uns helfen möge, niemals andere Menschen zu verurteilen in der eitlen Meinung, über deinen Frieden wie über einen privaten Besitz verfügen zu können. Mit dem Leiden unserer gegenseitigen Beschämung hast du uns gelehrt, dass Friede ein Sein und nicht ein Haben ist. Vater, hilf uns, dies nie zu vergessen. Heiliger Franziskus und heilige Klara, ihr in der Liebe zu Christus verbundenes Paar, bittet für unsere Liebe, dass sie immer Teil unserer Liebe zum Vater sei.*

Vater Franziskus, du wirst angesprochen.

Bruder Antonius, als Theologe weisst du um die Unergründlichkeit des Geheimnisses der Fürsprache, die uns gestattet wird. Ein Geheimnis, das im Geheimnis von Freiheit und Offenbarung eingeschlossen ist. Gott bleibt um der Freiheit willen dem Unglauben verborgen, nur dem Glauben wird er im Herzen sichtbar. Da ist Schwester Jeannine Luczak, die als Laie — ich bin ja auch ein Laie, Bruder Antonius — für das Pfarrblatt ihrer Stadt einen Artikel schreibt, dessen Worte von einer Tiefe sind, die die Unergründlichkeit des Geheimnisses menschlicher Freiheit und göttlicher Offenbarung ahnen lässt. Weil ohnehin nicht viele Menschen das Pfarrblatt lesen, lese ich euch den Artikel von Schwester Jeannine vor: In der Wüste tritt der Versucher an Jesus heran, indem er seine Natur als Sohn Gottes in Frage stellt und ihm sagt, wenn du der Sohn Gottes bist, befiehl, dass diese Stein Brot werden. Selbst in den Worten des Teufels wird klar, dass es in dieser Szene um das Wesen des Versuchten, um sein gottmenschliches Sein geht. Wenn du Mensch bist, hungerst du nach Brot, nach Reichtum und Macht. Wenn du Gott bist . . . Wir haben oft grössere theologische Mühe mit dem als selbst der Versucher. Man sieht in Jesus nur noch den Menschen, im Evangelium nur noch eine grosse Kundgebung für den Menschen, nicht mehr die grosse Kundgabe Gottes. Das Drama der Versuchung betrachtet man als moralisches Lehrstück, das anhand des Beispiels Jesu zeigt, wie wir der Versuchung des Materialismus und des Machtstrebens widerstehen sollen. Im Geiste der Versöhnung, der Ökumene, wäre es gut, von dieser Bibelstelle aus einen Blick auf den Weisheitsschatz des ostkirchlichen Christentums zu werfen. Der Dichter Fiodor Dostojewski hat uns gezeigt, welche Gefahr der Menschheit droht, wenn in ihrem Denken der Mensch-Gott an die Stelle des Gottmenschen tritt. In der Legende vom Grossinquisitor verdanken wir ihm eine zum Wesentlichen vordringende Deutung der Episode der Versuchung Jesu. Es ist nicht die Szene der Versuchung des Menschen Jesus, aus der wir heilsame Lehren für unser Alltagsleben ziehen können, sondern das Drama der Versuchung Gottes, wie es Jesus ja auch unmissverständlich ausspricht: Du sollst den Herrn, deinen Gott, nicht versuchen. Die drei Versuchungen haben das Ziel, Jesus zu bewegen, die Freiheit der Menschen in ihrem Verhältnis zu ihm, zu Gott, aufzuheben, indem er aus seiner Verborgenheit heraustritt, ihn überrumpelt und so gewinnt: indem er durch Wunder das Leiden der gefallenen Menschheit aufhebt, sein Reich auf Erden errichtet, sich als Herr des Himmels und der Erde ausweist, sich beweist. Diese Versuchung setzt nicht in einer menschlichen Schwäche Jesu an, sondern sozusagen an seiner göttlichen «Schwäche» — seiner Liebe, seinem Erlösungswillen. Der Gegensatz, der dramatische Konflikt zwischen Gottes Liebe als Mit-Leid, das nach Offenbarung drängt, und seiner Liebe als Freiheit, die Verborgenheit fordert, wird uns immer ein Geheimnis bleiben. Immer wieder haben die Menschen «Gott versucht» — im Alten Bund, wenn sie von Gott Zeichen forderten, zu Jesu Zeit, wenn sie von ihm die Errichtung eines irdischen Reiches erwarteten, heute, wenn wir auf ein Recht auf eine existentielle oder meditative Erfahrung Gottes pochen oder ihn mit dem Gott-ist-tot-Experiment unserer Zeit auf die Probe stellen. Eine Lehre, die wir aus der Versuchungsszene ziehen können, wäre etwa diese: Wir dürfen von Gott nicht ein solches Mehr an Offenbarung und Gewissheit fordern, das die Freiheit seiner und unserer Liebe schmälern würde. — Und, was sagt der Theologe dazu?

Mit diesen Gedanken steht Schwester Luczak einem grossen Theologen aus der schweren Zeit des Zweiten Weltkriegs nicht nach; ich meine Bruder Dietrich Bonhoeffer, der über die Freiheit folgendes sagt: Wenn Gott im Menschen sein Bild auf Erden schafft, heisst das, dass der Mensch dem Schöpfer darin ähnlich ist, dass er frei ist. Freilich, er ist frei allein durch die Schöpfung Gottes, durch das Wort Gottes. Er ist frei für den Lobpreis des Schöpfers. Denn Freiheit ist in der Sprache der Bibel nicht etwas, das der Mensch für sich hat, sondern etwas, das er für den anderen hat. Kein Mensch ist frei «an sich», das heisst gleichsam im luftleeren Raum, so wie er musikalisch, klug oder blind an sich ist. Freiheit ist keine Qualität des Menschen, keine noch so tief irgendwie in ihm aufzuckende Fähigkeit, Anlage, Wesensart. Wer den Menschen auf Freiheit hin durchforscht, findet nichts von ihr. Warum? Weil Freiheit nicht eine Qualität ist, die aufgedeckt werden könnte, kein Besitz, kein Vorhandenes, Gegenständliches, auch keine Form für Vorhandenes, sondern weil Freiheit

eine Beziehung ist und sonst nichts. Freisein heisst «frei-sein-für-den-anderen», weil der andere mich an sich gebunden hat. Nur in der Beziehung auf den anderen bin ich frei. Freiheit ist das, worüber ich schlechthin nicht wie über eine Eigenschaft verfügen kann, es ist das einfach Geschehende, sich Ereignende, durch den anderen an mir Geschehende. Fragen wir, woher wir dies wissen, so antworten wir: Das ist die Botschaft des Evangeliums selbst, dass Gottes Freiheit sich an uns gebunden hat, dass seine freie Gnade allein an uns wirklich wird, dass Gott nicht für sich frei sein will, sondern für den Menschen. Weil Gott in Christus frei ist für den Menschen, weil er seine Freiheit nicht für sich behält, darum gibt es für uns ein Denken der Freiheit nur als des «Freiseins für . . . ». Dass Gott frei ist, heisst für uns in der Mitte durch Christus Existierende und um unser Menschsein in seiner Auferstehung Wissende nichts, als dass wir frei sind für Gott. Darin bewährt sich die Freiheit des Schöpfers, dass er uns frei sein lässt für ihn, das heisst aber nichts anderes, als dass er sein Bild auf Erden schafft. — Du siehst, Vater Franziskus, die Gedanken von Bruder Bonhoeffer und von Schwester Luczak gleichen sich sehr.
Es gibt nur eine Freiheit für den Nächsten und keine Freiheit vom Nächsten, und weil Christus im Nächsten lebt, ist die Freiheit für den Nächsten eine Freiheit für Gott, die einzige wirkliche Freiheit, die es gibt. Die vermeintliche Freiheit für sich selbst führt immer in die Gefangenschaft des Selbst, in das engste Gefängnis, das es gibt. Hingegen ist der Mensch auch in den engsten Mauern frei, wenn er von sich selbst frei ist für Gott. Das meint Bruder Friedrich Schiller, wenn er sagt: Der Mensch ist frei geschaffen, ist frei, und würd' er in Ketten geboren!

Du gibst also zu, Bruder Antonius, dass auch Frauen zu einer guten Theologie fähig sind.

Aber gewiss, Vater Franziskus! Wir brauchen nur an die Schwester Katharina von Siena oder Schwester Teresa von Ávila oder an die vielen anderen klugen Schwestern zu denken und an die Klugheit der Kirche mit der milden Weisheit des Heiligen Vaters Paul des Sechsten, der endlich auch Frauen zu Kirchenlehrern ernannt hat. Die Klugheit von Schwester Luczak ist im Atomzeitalter mit seinen Theologen der Fragezeichen eine Wohltat.

Theologen der Fragezeichen?

Ja, Vater Franziskus, da gibt es in der deutschen Stadt Tübingen einen Professor der Theologie, der in diesen Tagen des Atomzeitalters berühmt ist, weil er Bücher mit Fragezeichen schreibt wie etwa «Existiert Gott?» oder «Ewiges Leben?» oder «Unfehlbar?». Er spricht dem Herrn Papst jene Unfehlbarkeit ab, die er für sich selbst beansprucht. Um bei den Fragezeichen zu bleiben: Ist es nicht merkwürdig, dass Bruder Wladimir Solowjew vor hundert Jahren gesagt hat, dass dem Antichrist ein Ehrendoktor der Universität Tübingen verliehen werde?

Die Fragezeichen sind die Angelhaken des Teufels.

Wer sagt das, Gotteslöwe?

Ich.

Du? — Woher weisst du das?

Weil ich es sehe.

Was siehst du?

Wie der Teufel mit Fragezeichen Menschen fischt.

Vater Franziskus, wenn unser Löwenlamm so weitermacht, wird er noch ein Theologe, und zwar ein guter wie Bruder Dietrich Bonhoeffer. Kurz bevor ich zu euch ins Rohrherzenland gekommen bin, habe ich mit ihm ein theologisches Gespräch über das erste theologische Gespräch geführt, das im Paradies stattgefunden hat.

War Adam ein Theologe?

Löwenlamm, ich rede vom Teufel.

Sind die Theologen Teufel?

Nein, Gotteslamm, so klug sind sie nicht. Aber sie dienen dem Teufel, wenn sie zuviel über und zuwenig mit Gott reden — wenn sie zuwenig oder gar nicht beten. Am meisten dienen sie dem Teufel, wenn sie meinen, es gäbe ihn gar nicht und darüber Bücher schreiben. Bruder Dietrich Bonhoeffer war als protestantischer Theologe über das Buch, in dem ein katholischer Theologe Abschied vom Teufel genommen hat, sehr erstaunt. Er fragte mich, ob die Katholiken die Bibel nicht kennten, wo es in der Genesis heisst: Und die

Schlange war listiger als alle Tiere auf dem Felde, die Jahwe Gott gemacht hatte, und sie sprach zu dem Weibe: Ja, sollte Gott gesagt haben: Ihr sollt nicht essen von allerlei Bäumen im Garten? Da sprach das Weib zur Schlange: Wir essen von den Früchten der Bäume im Garten; aber von den Früchten des Baumes mitten im Garten hat Gott gesagt: Esset nicht davon, rührt's auch nicht an, dass ihr nicht sterbet.

Die Protestanten sagen ja immer wieder, die Katholiken kennten die Bibel nicht, und wenn man das Buch vom verabschiedeten Teufel liest, begreift man sie, oder nicht, Bruder Antonius?

Ja, Vater Franziskus, besonders über die Zustimmung, die das Buch bei vielen Katholiken gefunden hat, war Bruder Dietrich erstaunt. Er hat mir gesagt, ich solle doch — wenn ich im Rohrherzenland sei — den wissenschaftsgläubigen Theologen sagen, dass die Bibel niemals Gegenstand von wissenschaftlichen Erklärungen sein könne, weil sie nicht ein Buch mit lösbaren Rätseln, sondern eine Schrift von offenbaren Geheimnissen sei. Im Gegensatz zu Rätseln können Geheimnisse nicht gelöst, sondern nur verehrt werden. Jeder Versuch, ein Geheimnis zu lösen, zerstört das Innerste des Geheimnisses: die Liebe. Auch beim Geheimnis des Bösen ist Liebe das Innerste: die Liebe, die nicht gewollt wird. Die Bibel will nicht über den Ursprung des Bösen Auskunft geben, sondern von seinem Charakter als Schuld und als unendliche Belastung des Menschen zeugen. Es wird darum nicht möglich sein, sich einfach auf den Teufel, der einen verführt hat, zu berufen, sondern dieser Teufel wird immer gerade dort sein, wo ich als Geschöpf Gottes in Gottes Welt hätte leben sollen und nicht leben wollte. Die Schuld liegt allein auf mir, der ich mitten in der Urständlichkeit der Schöpfung das Böse getan habe.

Ich sehe ihn!

Wen siehst du, Frater Leone?

Den Teufel!

Wo siehst du ihn?

In den Theologen, die sagen, es gäbe ihn nicht.

Das ist, einfacher ausgedrückt, das was Bruder Dietrich Bonhoeffer sagen will. Aber er ist natürlich nicht nur in den Theologen, die ihn leugnen, sondern in allen, die nicht glauben, dass sie der Teufel einmal holen könnte. Aber die Theologen, die nicht an ihn glauben, sind ihm am liebsten, weil sie ja dann auch nicht an Gott glauben, aber trotzdem über ihn reden.

Bruder Antonius, ich möchte jetzt aber doch wissen, wie das mit dem ersten theologischen Gespräch war, über das ihr bei euerem theologischen Gespräch gesprochen habt.

Ach so, das will ich dir gerne sagen, Vater Franziskus. Es hängt mit der Theologie der Fragezeichen zusammen, mit den Angelhaken des Teufels, wie Frater Leone sie nennt. Bruder Dietrich meint, die Sünde sei durch die fromme Frage des Teufels in die Welt gekommen: «Sollte Gott gesagt haben, ihr sollt nicht essen von allerlei Bäumen in diesem Garten?» Die Frage bestreitet das Wort Gottes nicht, aber sie gibt dem Menschen einen Ausblick in eine Tiefe, von der aus der Mensch in der Lage wäre, ein Wort Gottes zu begründen oder gar zu bestreiten. Die Schlange als Sprachrohr des Teufels stellt zunächst nur die Möglichkeit hin, dass vielleicht der Mensch hier falsch gehört habe, da Gott das doch nicht so gemeint haben könne. Gott, der gute Schöpfer, habe doch wohl seinem Geschöpf so etwas nicht auferlegt, das wäre ja eine Begrenzung seiner Liebe. Es war eine durchaus fromme Frage, die der Teufel stellte, aber mit ihr hat der Böse das Böse in die Welt gebracht. Dort, wo sich das Böse in seiner Gottlosigkeit zeigt, dort ist es ganz machtlos, dort ist es ein Kinderschrecken, dort brauchen wir es nicht zu fürchten, ja, dort lenkt es meist nur ab von dem Ort, den es durchbrechen will.

Die fromme Frage ist der Scheinheiligenschein des Teufels, das Leuchten vom Feuer der Hölle, mit dem er Wärme verspricht, wo Verbrennen ist. Deshalb hat der Herr gesagt: Euere Rede soll so sein: Ja, Ja; Nein, Nein. Was darüber hinaus ist, ist vom Bösen.

Ja, Vater Franziskus, Bruder Dietrich hat mir gesagt, «Sollte Gott gesagt haben...?» sei die gottlose Frage schlechthin. Die Gottlosigkeit wird deutlicher, wenn die Frage weitergesponnen wird: Sollte Gott gesagt haben, dass er Liebe ist, dass er uns die Sünden vergeben will, dass Christus uns zugut gestorben und auferstanden ist, dass wir das ewige Leben in seinem Reich haben sollen, dass wir nicht mehr allein sind, sondern getragen von der Gnade Gottes, dass einmal alles Leid und Geschrei ein Ende haben soll, sollte Gott gesagt haben: du sollst nicht stehlen, du sollst nicht ehebrechen, du sollst nicht falsches Zeugnis reden... sollte er dies wirklich gesagt haben? Gilt es nicht vielleicht gerade nicht, weil ich mündig bin? Sollte Gott gesagt haben, dass er denen ein zorniger Gott ist, die seine Gebote nicht halten? Sollte er das Opfer Christi gewollt haben — er, von dem ich weiss, dass er der allgütige, alliebende Vater ist? Das ist die Frage, die so ungefährlich aussieht, aber die Frage, durch die das Böse in uns Gewalt gewinnt, durch die wir Gott ungehorsam werden.

Aber worin besteht nun das erste theologische Gespräch, Bruder Antonius?

Ich finde, das war ein echtes ökonomisches Gespräch zwischen einem katholischen und einem protestantischen Theologen, wie es im Rohrherzenland immer wieder gewünscht wird.

Du meinst ein ökumenisches Gespräch, Gotteslöwe, aber im Rohrherzenland scheint man den Unterschied tatsächlich oftmals nicht zu wissen, wenn wir sehen müssen, dass da von Ökumene gesprochen aber an Ökonomie gedacht wird.

Ich kann eben nicht Latein.

Gott sei Dank, kannst du auch kein Griechisch, Frater Leone! Manche deiner Weisheiten wären durch solches Wissen verschüttet worden.

Was ist denn der Unterschied?

Man könnte sagen, im Gleichnis vom Kamel und dem Nadelöhr wäre die Ökonomie das Kamel und die Ökumene das Nadelöhr.

Das, was ich jetzt habe, ist sehr wahrscheinlich das, dem die Rohrherzenpsychologen das Aha-Erlebnis sagen.

Darf ich jetzt aber fragen, Bruder Antonius, wie das erste theologische Gespräch gewesen ist?

Gewiss, Vater Franziskus! Bitte, entschuldige, ich bin durch die Ökonomie der Ökumene vom Thema abgekommen. Bruder Dietrich sagte mir, das erste theologische Gespräch habe zwischen Eva und der Schlange etwa folgendermassen stattgefunden...

Also feministische Theologie?

Gotteslöwe, diese Sache ist zu ernst für solche Witze. — Bruder Antonius, wir hören.

In der Bibel heisst es: Da sprach die Schlange zum Weibe: Ihr werdet mitnichten des Todes sterben, sondern Gott weiss, dass welches Tages ihr davon esset, so werden euere Augen aufgetan und werdet sein wie Gott und wissen, was gut und böse ist. Dies war das erste Gespräch über Gott statt mit Gott, das erste theologische Gespräch. Nicht gemeinsame Anbetung, Anrufung Gottes, sondern Rede über Gott, über ihn hinweg. Sofern Eva sich auf dieses Gespräch eingelassen hat, kann nun die Schlange den eigentlichen Angriff wagen. Sie spricht über Gott, und zwar aus der Haltung eines tiefen Wissens der Geheimnisse Gottes — das heisst, sie redet fromm. Aber die Frömmigkeit demaskiert sich nun in einem heimtückischen Angriff: Sollte Gott gesagt haben...? Ja, er hat gesagt... aber warum hat er gesagt...? Aus Neid hat er es gesagt... Gott ist kein guter, sondern ein böser, quälerischer Gott, sei klug, sei klüger als dein Gott und nimm, was er dir nicht gönnt... Er hat es gesagt, jawohl, du hast recht, Eva, aber er hat es gelogen, Gottes Wort ist Lüge... denn: Ihr werdet mitnichten des Todes sterben... — Das, liebe Brüder, nennt man seit Bruder Hegel Dialektik.

Was ist das, Bruder Antonius?

Einfach ausgedrückt, Frater Leone, ist die Dialektik das Gegenteil von dem, was der Herr gesagt hat, wie wir reden sollen: Ja sei Ja und Nein sei Nein. Aber hören wir, was Bruder Dietrich Bonhoeffer zur Dialektik der Schlange sagt: Das ist die letzte Auflehnung, die möglich ist, dass die Lüge die Wahrheit als Lüge ausgibt. — Oder wie ein gelehriger Dialektikschüler der Schlange, Bruder Lenin, sagte: Man muss die Lüge in den Dienst der Wahrheit stellen. — Das ist der Abgrund der Lüge. Mit dem listigen — dialektischen — Hinterfragen der Wahrheit versucht der Teufel die Wahrheit zu Fall zu bringen, in die Lüge zu verdrehen. Die Frage von Bruder Pilatus ist die teuflische Frage schlechthin, weil sie teuflisch falsch gestellt ist: Was ist Wahrheit? Diese Frage kann nicht beantwortet, sondern nur dialektisch zerredet werden. Die einzig mögliche Frage nach der Wahrheit heisst: Wer ist Wahrheit? Die Antwort hat Christus gegeben — seinen Jüngern, nicht dem Pilatus, der sie nicht verstanden hätte: Ich bin die Wahrheit. Auf die dialektische Frage: Was ist Wahrheit?, die unter dem Schein der Frömmigkeit Gott als die erste und letzte Voraussetzung alles Daseins in Frage stellt, kann sich der Mensch nicht anders wehren als durch ein: Weiche von mir, Satan!

Wie geht es weiter?

Das war das Gespräch mit Bruder Dietrich Bonhoeffer über die Theologie der Fragezeichen.

Ja, liebe Brüder, mit der listigen Frage der Schlange ist Bruder Tod in die Welt gekommen, deshalb ist sein Zeichen das Fragezeichen, so wie das Zeichen seiner Überwindung das Kreuz ist.

Und der Tod selbst ist das Zeichen der Piraten.

Du meinst den Totenkopf, Frater Leone. Aber wieso sagst du das?

Es ist mir einfach so in den Sinn gekommen.

Nun also, aber was sollen die Seeräuber mit der Theologie der Fragezeichen zu tun haben? Du musst ja nicht alles sagen, was dir in den Sinn kommt. Die Römer hatten ein Sprichwort: Wenn du geschwiegen hättest, hätte man glauben können, du seiest ein Philosoph.

Vater Franziskus, ich glaube, es ist gut, dass unser Gotteslöwe nicht geschwiegen hat. Es scheint mir, dass ihm, der kein Latein kann, etwas auf griechisch — das er auch nicht kann — gesagt worden ist.

Es ist einfach nicht recht, wenn die Gescheiten auf die Dummen herabschauen. Ich sage nichts mehr, dann bin ich ein römischer Philosoph.

Aber Frater Leone, sei doch nicht so schnell beleidigt! Manchmal bist du eher ein Mimosenlöwe als ein Löwenlamm. Ich wollte Vater Franziskus sagen, dass du — vielleicht gerade weil du nicht griechisch kannst — etwas gesagt hast, das eine viel tiefere Bedeutung haben könnte, als man im ersten Augenblick denkt. Der Heilige

Geist hat — so scheint es manchmal — jene, die viel wissen, nicht immer gerne und spricht oft durch den Mund von Menschen, die mehr durch Weisheit als durch Wissen gescheit sind. Wie du, Gotteslamm, der du uns soeben etwas Bedeutungsvolles gesagt hast, für das ich dir danke. Das Wort Pirat hängt nämlich mit dem griechischen peira zusammen, was soviel wie Versuch oder Probe heisst. Das Tätigkeitswort dazu, peiraein, bedeutet auf die Probe stellen oder kann sogar in Versuchung führen heissen. Die Spartaner haben den Seeräubern peirates gesagt, weil es die Kerle sind, die es eben einmal versuchen. Und weil aus der Versuchung, einen Versuch zu machen, Gefahr entstehen kann, hängt auch das lateinische Wort für Gefahr, periculum, mit dem griechischen peira zusammen, wobei übrigens periculum auch Versuch oder auf die Probe stellen bedeuten kann. Siehst du, Gotteslöwe, welche interessanten Zusammenhänge mir dank deinem Einfall einfallen. Aber es kommt noch besser, und das ist der Beweis dafür, dass der Heilige Geist zu dir gesprochen hat und dass es keine Zufälle gibt, sondern dass das Zufällige dasjenige ist, das Gott einem zufallen lässt. Zum Beispiel folgendes: Das Experiment der Naturwissenschaftler hängt — jedenfalls was das Wort anbelangt — mit den Piraten zusammen, nämlich durch das Wort expeira, was soviel heisst wie aus dem Versuch. Die Naturwissenschaftler beziehen ihr Wissen aus den Versuchen, die sie mit der Natur anstellen; manchmal sagen sie auch statt experimentieren einen Versuch machen. Manche Experimente, die die Naturwissenschaftler machen, gleichen, was die Unverfrorenheit anbelangt, ja tatsächlich Piratenstücken. Man denke bloss an die Atombombe. Die Versuchung der wissenschaftlichen Versuche ist gross geworden. Es gibt heute Wissenschaftler, die meinen, unter der Flagge der Wissenschaft sei alles erlaubt wie bei den Piraten unter der Totenkopffahne. Im Rohrherzenland sind wir sogar Theologen begegnet, die von einer Experimentaltheologie sprechen. Mir scheint immer mehr, die wissenschaftlichen Versuche des Atomzeitalters seien die Vollendung des Sündenfalls, jenes ersten Versuchs der Menschen, sein zu wollen wie Gott. Wenn der erste Versuch den Tod in die Welt gebracht hat, so ist Bruder Tod durch die Versuche der modernen Naturwissenschaft gewaltig gewachsen. Bis zur Atombombe konnte er nur die Leben, die einzelnen Lebewesen töten. Mit der Atombombe haben die

Menschen Bruder Tod so gross werden lassen, dass er *das* Leben, alles Leben auf der Erde auslöschen kann.

Beim Theologieprofessor, der im Zimmer mit dem kalten Licht gesagt hat, auch die Atombombe habe ihre guten Seiten, war ein gut katholischer Chemieprofessor, der sagte, mit der Atomkraft sei es wie mit dem Messer, mit dem man ja bekanntlich sowohl Brot schneiden als auch töten könne.

Hast du das selbst gehört, Frater Leone?

Ja, Vater Franziskus.

Das kann ich kaum glauben. Dann würde dieser gescheite Mann doch die Atombombe mit einem Messer vergleichen. Hältst du das für möglich, Bruder Antonius?

Leider ist der Professor, von dem Frater Leone berichtet, nicht der einzige gescheite Mensch, der diese absurde Ansicht vertritt. Wenn die Wissenschaftler den Missbrauch ihrer Wissenschaft um ihres Besitzstandes willen verteidigen, vergessen sie das Denken. Im Atomzeitalter werden die Philosophen gezwungen, das zu tun, wovon Bruder Blaise Pascal abgeraten hat: Versuche nicht zu beweisen, wenn das zu Beweisende offensichtlicher ist als der Beweis. Mit dem Messer und allen sogenannten klassischen Waffen bis hin zum Dynamit konnten die Menschen, wie soeben gesagt, nur die einzelnen Lebewesen töten. Nur töten ist schon entsetzlich, aber das Leben, die Schöpfung töten, ist eine mit allen bis jetzt verübten Verbrechen unvergleichbare Sünde. Wie die Geschichte lehrt, haben die Menschen immer alles getan, was sie tun können. Wie wir sehen, entspricht der Unterschied zwischen dem Messer oder sogar dem Dynamit unter der Atombombe dem Unterschied zwischen Sein und Nichtsein. Das Nichtsein der Schöpfung ist durch das Experiment, das Wissen aus dem Versuch — aus der Versuchung — in die Hände der Menschen gelegt worden. Die geistgelenkte Hand hat als Werkzeug der Erkenntnis etwas Neues unter der Sonne hervorgebracht, das, wie der Vater der Atombombe, Julius Robert Oppenheimer, gesagt hat, tausendmal heller ist als die Sonne. Da die Vernunft aus Mangel an Liebe nicht ausreicht, kann nur noch die Barmherzigkeit Gottes die Menschen daran hindern, zu tun, was sie tun können. Die Rettung vor der letzten Tat wird nicht aus Wissenschaft und Technik kommen, sondern aus dem Gebet der Busse und Umkehr, durch welches allein diese grosse Gnade zu erhoffen ist. Dazu sind wir ja auch ins Rohrherzenland gekommen.

Wenn wir beten, wie uns der Herr beten gelehrt hat, sagen wir: Und führe uns nicht in Versuchung, sondern erlöse uns von dem Bösen. Die Atombombe entstand also aus der Versuchung der wissenschaftlichen Versuche?

Das kann man tatsächlich sagen, Vater Franziskus. Das Wort für Versuchung im griechischen Text des Vaterunsers heisst peirasmos, was mit dem peira des Experiments ganz nahe verwandt ist. Wegen der materiellen Macht, die das Experiment den Menschen in die Hände gegeben hat, glauben viele Menschen nur noch das, was sie in die Hände nehmen, anfassen, einander zeigen können. Alle Experimente stehen mit Apparaten in Verbindung, die mit Zeigern zeigen. Die Zeiger sind die Finger der künstlichen Hände, die auf die Zahlen der Messgeräte zeigen. Messungen sind immer Zeigungen, Machungen, eben Hand-lungen. Die moderne Naturwissenschaft ist zu einem Glauben an das geworden, was die Menschen einander zeigen können. Religion ist der Glaube an das, was die Menschen einander nicht zeigen können: Gott. Im Atomzeitalter, wo die Menschen an die Zeigerwissenschaft glauben, wollen sie alles zeigen, zeigbar machen. Und weil Gott nicht zeigbar ist, glauben die Zeigergläubigen nicht an ihn. Die Zeiger haben eine Spitze, weil die Wissenschaftler scharfe Messungen wollen. Diese Spitze sticht ins Herz des Wissenschaftlers, denn das Wichtigste, die Liebe, ist nicht messbar. Und wenn man sie messen will, stirbt sie an der Spitze des Zeigers, der auf sie zeigt.

Aber die Liebe kann man doch nicht stechen.

Bildlich gesprochen, Frater Leone, so wie du auch nur bildlich ein Löwenlamm bist.

Was ist Liebe, Bruder Antonius?

Gotteslöwe, das ist eine Frage, die das Höchste betrifft. Da reicht das Was als Fragewort nicht aus; die Frage muss heissen: Wer ist Liebe? Und die Antwort heisst: Gott ist Liebe. Auf die Frage, was oder wie ist Gott? gibt es keine hinreichende Antwort, weil man Gott nicht wissen kann. Aber wir können etwas, das viel mehr ist als wissen: Wir dürfen, können und sollen Gott lieben. Gott und die Liebe, die er ist, sind mit den Kräften des Intellekts, mit der Wissenschaft, nicht fassbar. Wissenschaftlich definierbar sind nur die Bedingungen für die Liebe. Diese sind allerdings notwendig, aber nicht hinreichend für die Grösse des Wesens der Liebe, weil die Liebe alle ihre Bedingungen überragt. Sie ist viel mehr als die Summe aus allem, was für sie notwendig ist. Eine der notwendigen Bedingungen ist der Wille, dem Nächsten unter allen Umständen Gutes und nur Gutes zu tun — auch wenn er mir sagt, er sei mein Feind. Als Christen dürfen wir einem Feind nicht nur nicht feind sein, nein, wir sollen ihn lieben, weil man das Gute nicht ohne Liebe tun kann. Der Wille zum Guten ohne Liebe kann die Möglichkeit zum Guten sogar zerstören, wie das der atheistische Kommunismus und der areligiöse Sozialismus beweisen. Ja, es kann sogar sein, dass ein liebelos aufgezwungenes Gutes dem anderen Schaden bringt. Die Liebe ist nicht definierbar, weil ihre Substanz nicht im Kopf, sondern im Herzen wohnt. Aber man kann natürlich alles ins Verkehrte drehen. Da gibt es progressistische Theologen, die ausser Marx auch noch die Bibel lesen und in den Evangelien die Stelle finden, wo es heisst, man solle die Feinde lieben. Zur Verbesserung des Christentums beschlossen sie, nur noch die Feinde zu lieben und ziehen gegen ihre Freunde — die praktizierenden Christen — in den Krieg. Solches nennen sie Ökumenismus. Ihrer dialektischen Exegese huldigend, verschliessen sie die Kirchen vor jenen, die dem Evangelium treu geblieben sind, und öffnen die Kathedralen allen, die glauben, was ihnen bequem erscheint, und somit ein verkürztes Christentum weitergeben. Diese Theologen schwören mit ihrer dialektisch zersetzten Liebe ein Unwetter herauf, das sie schliesslich selber trifft.

Bruder Benjamin Franklin, der mit seinen Dachspiessen die Häuser vor Blitzschlag schützt, hat gesagt, was unser Gedächtnis mit den Taten tun soll, die man uns tut: Schreibe Kränkungen in Staub und meissle Wohltaten in Marmor.

Ja, Vater Franziskus, so hat es der Herr getan, als man die Ehebrecherin steinigen wollte. Bruder Franklin gehört zu den grossen Naturforschern, die an der Wiege der modernen Naturwissenschaft gestanden haben. Jetzt schüttelt er den Kopf über das, was aus seiner geliebten Wissenschaft geworden ist.

Bruder Antonius, auch du darfst nicht hinüberschauen!

Du hast recht, Frater Leone. Weil wir hier sind, muss ich sagen, er würde den Kopf schütteln über die Behauptung jener vielen Wissenschaftler, die sagen, Liebe sei die Folge von physikalisch-chemischen Prozessen im Zentralnervensystem. Was die Materialisten da inszenieren, gleicht der Anstrengung, die Bildhauerei mit Mineralogie oder die Malerei mit Farbstoffchemie verstehen zu wollen. Zur Zeit von Bruder Franklin begründete Bruder Lavoisier, der als königlicher Beamter in der Französischen Revolution geköpft worden ist, die moderne Chemie, indem er die Waage als Messinstrument verwendet hat. Die Chemiker haben die bei den Reaktionen auftretenden Stoffe gewogen und dann das Resultat auf Papier geschrieben. Das war bei der Geburt der modernen Chemie; heute, bei ihrem Ende, wo Bruder Tod an die Türen der Laboratorien klopft, wägen die Chemiker auch das Papier, auf welches sie die Namen der Stoffe schreiben. Wir sehen, die Waage spielt sowohl bei der Geburt als auch beim Tod der modernen Chemie eine wichtige Rolle.

Das verstehe ich jetzt nicht, Bruder Antonius.

Ich meine damit, Vater Franziskus, dass bei der Berufung eines Chemieprofessors die Zahl seiner Publikationen gewogen wird. Der Zeiger der Waage, der die Quantitäten der Stoffe anzeigt, hat die Qualitäten zu Tode gestochen. Das Herz der Chemie schlägt nur noch schwach, so dass bald auch ihr Kopf und ihre Hände sterben müssen.

Der treue Bruder, der die Menschen auf ihrem ganzen Erdenweg begleitet, der sie täglich und zu jeder Stunde berühren könnte, wird von den meisten nicht beachtet, weil sie meinen, er sei weit weg. Ein getreuer Bruder, den man ein Leben lang nicht beachtet, kann unfreundlich werden. Das ist doch begreiflich. So ist für die meisten Menschen Bruder Tod unfreundlich, wenn er am Ende des Lebens nicht mehr ignoriert werden kann. Den Wissenschaftlern, die meinen, das Leben mit Chemie und Physik herstellen zu können, wird

das Ende der modernen Naturwissenschaft ein ähnlicher Schrecken sein wie der eigene Tod.
Der körperliche Tod ist den Menschen, die nicht täglich mit diesem ihrem Bruder sprechen, ein schreckliches Geheimnis.
Er ist ein Geheimnis.
Aber durch unseren Herrn Jesus Christus hat er den Schrecken verloren.
In ihrer Blindheit sehen die Materialisten nicht, dass sie das Wesen der Materie nur durch Bruder Tod als das Gegenüber des Geistes zu sehen vermögen.
Bruder Tod schenkt uns dieses Gegenüber, indem er uns von der Materie befreit; eine Befreiung, die wir niemals erzwingen dürfen.
Der Selbstmord ist ein Schlag ins Antlitz von Bruder Tod.
Die Selbstmörder wollen Bruder Tod töten, weil sie sich vor ihm fürchten und meinen, nach dem Tod gebe es kein Leben und deshalb auch keinen Tod mehr.

Vater Franziskus, da wir jetzt doch bald zurückkehren, möchte ich das laut ins Rohrherzenland rufen, dass es durch alle Kabel schallt.

Frater Leone, auch im allerletzten Augenblick darfst du nicht hinüberschauen. Wir dürfen im Rohrherzenland nichts von dem sagen, was wir aus dem Wissen wissen, nur was wir aus dem Glauben sehen.

So ist es, Gotteslöwe. Wenn du Vater Franziskus nicht gehorchst, missbrauchst du dein Wissen. Das darfst du ebensowenig tun wie die Wissenschaftler. Der himmlische Vater hat den Wissenschaftlern genügend Intelligenz gegeben, um selbst zu wissen, dass sie nichts wissen im Verhältnis zum Wissen ihres Schöpfers. Um zu dieser Einsicht zu kommen, eignen sich zum Beispiel ihre bemerkenswerten technischen Leistungen. Da steht in den Zeitungen, dass eine amerikanische Raumsonde ausserhalb der Bahn des Planeten Pluto angelangt sei und somit das Planetensystem des Bruders Kopernikus verlassen habe. Natürlich hilft Bruder Tod allen Menschen, viel, viel weiter zu kommen. Den Ort, wo der Himmel und die Hölle ist, erreicht man mit keiner Rakete. Aber hier im Rohrherzenland dürfen wir das, was wir wissen, eigentlich gar nicht wissen. Deshalb müssen wir schweigen, Gotteslöwe. Die aus dem Materialismus hervorgegangene technische Leistung der Raumfahrt zeigt, wie ohnmächtig der Materialismus ist. Im Hinblick auf die unvorstellbaren Fernen des Weltalls hat es mit diesem gewaltigen Aufwand an Technik nur zu einem Hüpfer in die Raum-Zeit-Weiten der Schöpfung gereicht. Ähnlich ist es in umgekehrter Richtung, wo die Wissenschaftler mit der Schärfe ihrer grössten Mikroskope ohnmächtig vor den inneren Fernen der Materie stehen. Die Atomphysik ist nicht weiter in die Tiefen der Materiequalitäten eingedrungen als die Raumfahrt in die Fernen des von der Materie aufgespannten Raum-Zeit-Feldes. Die Fernen der Qualitäten der Welt sind dem Materialismus nicht weniger unerreichbar als die Fernen der Quantitäten, die für messbar gehalten werden. Der Apostel Thomas sah diese Unbeschreiblichkeit vor Augen, als er die Wunden des auferstandenen Herrn erblickte. Andere Fenster zur Wirklichkeit der Welt gibt es für den Menschen nicht, bevor ihn Bruder Tod vom Leib befreit.

Au nein!

Was nein, Frater Leone?

Das darf ich nicht denken.

Was nicht?

Dass die Raketen den Türmen jener Kirchen gleichen, welche die Menschen in dem Jahrhundert, wo wir gestorben sind, zu bauen begannen.

Aber Gotteslöwe, wie kannst du Kirchtürme mit Raketen vergleichen?

Vater Franziskus, unser Löwenlamm spürt da etwas, das etwas für sich hat. Wir haben in der Geborgenheit der romanischen Gewölbe gelebt, die uns gewissermassen umarmt haben. Nachdem Bruder Tod uns heimgeholt hatte, begannen in den Scheiteln der Bogen Spitzen zu keimen und wuchsen immer höher. Die Gotik hat mit ihren Spitzen tatsächlich die Geborgenheit unserer Gewölbe erstochen, und ihr Wachsen war nicht aufzuhalten. Die romanischen Gewölbe laden den Menschen ein, sich zu verneigen. In den hochfahrenden Räumen der gotischen Kathedralen legen die Menschen den Kopf ins Genick, um mit dem Blick die Spitzen zu erreichen. Die Demut verneigt sich, der Hochmut erhebt den Kopf. Und die Menschen hielten den Kopf immer höher und höher bis zu den Wolkenkratzern von Amerika, wo die Kirchen wie Hütten daneben stehen — wo die Raketen zu wachsen begannen.

So sieht das also aus, was unser Löwe gewittert hat. Das ist tatsächlich ein Etwas, das etwas für sich hat.
Die Raketen sind die Spitze des Turms von Babel.
Höher können die Menschen nicht bauen.
Die Zeit der Busse und Umkehr ist da, wo die Menschen vorwärts schreiten in eine gute Zeit — christuswärts.
Ins verwirklichte Christentum.
In das gelobte Land der gelebten Lehre des Herrn.
Der Glaube an die Menschen ist Sehnsucht nach einer guten Vergangenheit; Nostalgie nennen es die Menschen.
Der Glaube an Gott ist Sehnsucht nach einer guten Zukunft.
Für diese Zukunft sind wir ins Rohrherzenland gekommen. Das verwirklichte Christentum hat Papst Johannes Paul II. am 5. Mai 1984 beim Gottesdienst mit Arbeitern, Fischern und Bauern in Pusan in Korea geschildert: Und so haben wir Christen in der menschlichen Arbeit einen kleinen Anteil am Kreuz Jesu Christi. Wir müssen lernen, diese menschliche Erfahrung in der Haltung Christi zu leben. Wenn wir unsere Arbeit mit der Sendung unseres Erlösers vereinen, helfen wir, die neue Erde zu schaffen, wo die Gerechtigkeit wohnt, und wir tragen entscheidend zum Kommen des Gottesreiches bei. Liebe Arbeiter, Bauern und Fischer, ich weiss, dass ihr in Solidarität mit Millionen euerer Arbeitsgefährten viel leiden musstet und weiter leidet für die Geburt dieser «neuen Erde» in euerem Land. Ihr habt euch, oft trotz Gleichgültigkeit, Missverständnis und Behinderung, als Christen bewusst dazu verpflichtet, die Rechte und das Wohl der Arbeitsgefährten und Bauern zu fördern, die geduldig und tapfer ihr Kreuz tragen. Wir müssen alle in brüderlicher Liebe zusammenarbeiten, um deutlich zu machen, dass eine gerechte Verteilung der Güter der Welt Zugang zu diesen Gütern besonders durch einen gerechten Lohn bedeutet.
Ohne Gebet werden die Menschen das nie erreichen, weil sie ohne den Herrn nichts tun können.
So sind wir gekommen, um die Menschen beten zu lehren.
Ihre Rohrherzen zu öffnen.

Damit viel Liebe Platz hat.
Kommt, Brüder, jetzt kehren wir heim, wie Schwester Ruth Schaumann es sagt:

Eine Geige war die Stunde
Und dein Tod ein leiser Bogenstrich,
Brauner Mönch, des Heilands Seitenwunde
Senkt sich brennend über dich

Und umschliesst dein Sterben ohne Ende
Wie der Himmel alles Abendrot —
Bruder Franz, zu meinem Sterben sende
Mir den Duft von deinem Tod.

Nachwort von P. Eugen Mederlet OFM

Was ist ein Wunder?

Es ist heute auch für den glaubenden Menschen nicht mehr ohne weiteres klar, was ein Wunder ist. Nach Thomas von Aquin wird «Wunder» genannt, «was ausserhalb der Ordnung der gesamten geschöpflichen Natur geschieht. Das kann niemand tun ausser Gott, denn was immer ein Engel oder irgendein anderes Geschöpf mit seiner Kraft täte, das geschähe ja nach der Ordnung der geschöpflichen Natur, und dann ist es eben kein Wunder» (Summa Theologica Ia, Qu. 110, a. 4, Resp.).

Die Feststellung eines Wunders wäre damit Sache der Naturwissenschaft; der Gelehrte, der alle Natur-Ordnungen und Naturmöglichkeiten kennt, kann uns sagen, ob ein Ereignis in den Möglichkeiten der Natur-Ordnung liege oder eine ausserhalb der gesamten Schöpfung liegende, also göttliche Ursache erfordere. Das Wunder ist in dieser Sicht eine neue Schöpfungstat Gottes aus dem Nichts.

Wann können wir aber dann je mit Sicherheit wissen, dass ein Wunder geschah? Ungeahnte Schöpfungskräfte sind neu erschlossen, und die Unausschöpflichkeit ihrer Geheimnisse überwältigt uns. Und wie können wir annehmen, dass in früheren Jahrhunderten und Jahrtausenden die Glaubenden, die ein Ereignis als Wunder auffassten und verkündeten, dieses mit naturwissenschaftlicher Kompetenz getan haben?

Ist aber wirklich ein Wunder so total ausserhalb jeder Natur-Ordnung? Geschieht das Wunder nicht in einer viel tieferen Schicht der Schöpfung, dort nämlich, wo jeder von Gott erkannt ist, und wo nur der Glaubende Gott erkennt? Der heilige Augustinus und nach ihm die franziskanische Theologie öffnen uns einen anderen Weg zum Verständnis des Wunders.

Der heilige Augustinus schreibt: «Die Macht des Schöpfers hat über den natürlichen Verlauf der Dinge hinaus durch sich selbst das Können, aus allem etwas anderes zu machen, als das, was die jeweiligen Samen-Ideen in sich haben. Trotzdem wird dieses Andere nur etwas sein, dessen Möglichkeit er in sie gelegt hat, damit es aus ihnen

oder von ihm, dem Schöpfer selbst, gemacht werden kann. Diese Allmächtigkeit ist nämlich nicht auf eine Macht des Zufalls gegründet, sondern auf die Wirksamkeit der Weisheit: Sie macht *aus* jeder Sache zur gegebenen Zeit nur das, was sie vorher *in* ihr gemacht hat, dass es werden könne. Diese Fähigkeit gibt Gott den von ihm geschaffenen Naturen, damit aus ihnen auch so etwas (das Wunder) werden kann; er macht nämlich aus ihnen nur das, was er selbst in ihnen als Möglichkeit vorausgebildet hat. Dennoch gibt er diese Fähigkeit auf eine andere Art, so dass die Dinge sie nicht in ihrer natürlichen Verhaltensweise besitzen, sondern in der, in der sie so erschaffen sind, dass ihre Natur sich unter den mächtigeren Willen beugt» (Über den Wortlaut der Genesis, Buch 9, Kap. 17, Nr. 32).
In dieser Deutung ist zwischen natürlichem und wunderbarem Geschehen kein Abgrund; Gott wirkt auch im Wunder nicht allein, sondern zusammen mit den Schöpfungskräften, und alles Schöpfungsgeschehen vollzieht sich im ständigen Einwirken Gottes. Gott hat nur «im Anfang» allein gewirkt; alles Weitere geschieht in Partnerschaft und mündet ein in die vollendete Vermählung, die «Hochzeit des Lammes».

Die Schöpfung geht in jedem Augenblick aus der Hand Gottes hervor und ist immer das, was er daraus macht. Jedes Geschöpf trägt in seinem Wesen einen magdlichen Gehorsam zu Gott. Das liegt in seinem Ursprung begründet, da er aus der totalen eigenen Nichtexistenz und der totalen, liebenden und allmächtig erschaffenden Wahl Gottes kommt. Das Existieren liegt ausserhalb jeder Verfügbarkeit des Geschöpfes und besteht deshalb aus seinem Gehorsam und der schöpferischen Tat Gottes. Aber gerade dieser geschöpfliche Gehorsam gibt ihm die Möglichkeit, alles Weitere zu werden, das Gott aus ihm machen will. «Wenn (ein Wunder) geschieht, kommt es nur uns als ein Geschehnis gegen die Natur vor, da wir nur den anderen Lauf der Natur kennen. Bei Gott ist es aber nicht so: für ihn ist *das* Natur, was er macht» (Augustinus, a.a.O. Buch 6, Kap. 13, Nr. 24). Ähnlich sagt der franziskanische Theologe Alexander von Hales (gest. 1245): «*Das* gehört zur Natur eines jeden Dinges, was Gott daraus macht. Denn aus ihm kommt jede Seinsweise, jede Zahl und jede Ordnung der Natur» (Sent. II, p. 286, Glossa). «Das Wunder ist ein Geschehen, in dem verborgene Naturkräfte verwirklicht werden zur

Offenbarung einer kraftvollen Weisheit» (Sent. II, Qu. 42). Und der heilige Bonaventura, sein Schüler, schreibt: «Natur nennen wir alles, das einem Ding seinem natürlichen Ursprung nach zukommt. So gehört es zur Natur, dass Gott daraus alles hervorbringe, was er will» (Sent. II, 437.5).

Es ist von Gott her kein wesentlicher Unterschied zwischen dem Samenkorn, das in die Erde fällt und aufgeht, und dem Brot, das sich in Jesu Händen vermehrt. Beides geschieht im Gehorsam des Geschöpfes gegenüber dem Sprechen Gottes: «Es werde!» und dem Wehen des «Creator Spiritus», des Schöpfergeistes. Im einen Fall handelt Gott auf eine Weise «wie wir sie kennen» und «natürliche Verhaltensweise» nennen, im andern handelt Gott nach einem in ihm verborgenen, aber in die Schöpfung als Möglichkeit hineingeschaffenen Ratschluss.

So wird uns der Blick aufgetan für das wahre Wesen der *Evolution.* Sie wird in das Schöpferwirken Gottes eingetaucht. In der gleichen Kraft des Heiligen Geistes, in der Maria das Kind im Schosse empfing und dieses sich nun wie jedes andere Kind aus den mütterlichen Kräften zur Geburt entwickelte, hat die Erde das Leben in die Mitwirkung aller daraufhin schon vorhandenen Kräfte hinein als Neuschöpfung von Gott empfangen, ohne dass diese göttliche Empfängnis in ihrem Geschehen naturwissenschaftlich fassbar wäre, weil die Wissenschaft nur das Inerscheinungtreten des schon gewordenen Lebens und seine biologischen Voraussetzungen und Weiterentwicklungen zu untersuchen und in Theorien darzustellen vermag, niemals aber die von Gott gewirkte Neuschöpfung selbst. Aber wenn auch die Schöpfungstat selbst in actu nicht beobachtet werden kann, gehört doch die Erkenntnis, *dass* Gott jeweils neu erschaffen *hat,* zur Wissenschaft; denn diese sucht ja nach der Ursache der Evolution. Es entbehrt aber jeder Wissenschaftlichkeit, als eine solche Ursache den Zufall zu setzen; denn dies ist schlechthin weder zu verstehen, noch wissenschaftlich zu beweisen, sondern kann keinen anderen Grund haben, als das unwissenschaftliche Ausschliessen jener Ursache, die jeder Verstand mit Evidenz erkennen kann: Gott. «Sie sind deshalb unentschuldbar, weil sie trotz ihrer Erkenntnis Gottes ihn nicht als Gott verherrlichen; denn sein unsichtbares Wesen, seine ewige Macht und Göttlichkeit sind seit Erschaffung der Welt in seinen

Werken durch die Vernunft erkennbar. Darum verfielen sie in ihren Gedanken auf Nichtigkeit» (Röm 1, 20-21).

Es ist aber ebenso falsch und Gottes Schöpfung verleugnend, wenn Teilhard de Chardin und nach ihm viele Heutige sagen, in der allerersten Schöpfung sei in jedem Urquant schon Geist und Freiheit enthalten gewesen; und da durch die Evolution die Materie zunehmend komplexer wurde, habe sich der Geist in ihr immer mehr zentriert, bis er im Menschen zum Bewusstseinsfunken geworden sei. Nein! Nichts geschieht «von selber», auch keine Evolution, sondern jeder Schritt vom «es werde Licht» bis hin zu Mariae Verkündigung geschieht durch Neuschöpfung Gottes im Anruf des Gehorsams der Erde: und jede Geistseele eines jeden Kindes entsteht einmalig neu aus der Vaterschaft Gottes in vermählendem Zusammenwirken mit den Eltern.

Immer wirkte die magdliche Erde in geheimer Vermählung mit ihrem Gott. Jedes Pflänzchen und alles Getier hat zu seinem Voranschreiten zum Höheren eine geheime *Neuschöpfung im Heiligen Geist* empfangen, bis die Erde — mag sein in einem hohen Lebewesen — zur Neuschöpfung des Menschen und schliesslich zum Schoss Marias und in ihr zu Jesus, dem Christus ward, der durch Kreuz und Auferstehung im Zusammenwirken mit den Glaubenden das All zur himmlischen Hochzeit vollenden wird.

Denn im Zusammenwirken von Gott und Schöpfung ist ein steter und innigster Zusammenhang zwischen Natur- und Gnadenordnung. Das Wort und der Odem des Vaters wirken in der Schöpfung von Anbeginn und durch alles Voranschreiten immer das Geheimnis Christi. «Denn in ihm ward alles erschaffen, im Himmel und auf Erden. Das Sichtbare und das Unsichtbare, seien es Throne oder Hoheiten oder Herrschaften oder Gewalten: alles ist erschaffen durch ihn und auf ihn hin. Er ist vor allem, und das All hat in ihm den Bestand» (Kol 1, 16-17). Die ganze Schöpfung ist schon Heilswirken Gottes, und umgekehrt ist in allem Heilswirken der gesamte Kosmos mit betätigt. Denn die ganze Schöpfung, die sichtbare und unsichtbare, ist von Anfang an dazu angelegt und in magdlichem Glaubensgehorsam auf Gott hin empfangend bereit, der Mutterschoss des Gesalbten zu werden. Das Wunder gehört zum innersten Wesen der Schöpfung. Es ist in sie hineingelegt, das Wunder zu werden, weil sie in Maria Christus empfangen soll.

Für unsere menschliche Sicht aber gibt es *etwas Besonderes, das ein Wunder* vom gewohnten Geschehen der Natur *unterscheidet.* Der heilige Augustinus sagt: «Das Wunder ist etwas Schwieriges und Ungewohntes, das alle Erwartungen und Fähigkeiten des Bewunderers übersteigt.» Es liegt ein *Überraschungsmoment* darin. Es geschieht etwas ganz Ungewohntes, das man so, wie es hier geschah, trotz allen Nachdenkens und Forschens nicht erklären kann. Augustinus sagt, dass dabei nichts gegen die Natur geschieht, «es kommt nur uns als ein Geschehnis gegen die Natur vor, da wir nur den anderen Lauf der Natur kennen. Bei Gott ist es aber nicht so: für ihn ist *das* 'Natur', was er macht» (Augustinus a.a.O. Buch 6, Kap. 13, Nr. 24). *Gott verwirklicht verborgene Naturkräfte, schafft neue Kräfte ein und bewegt sie zu neuen, ungewohnten Tätigkeiten.* Dies geschieht nicht gegen die Schöpfungsordnung, weil das Wunder eben zu dieser Ordnung gehört. Beim Wunder ist das Besondere, dass wir getroffen sind von dem Unerhörten und Grossartigen. Es sind die Grosstaten Gottes, die Magnalia und Mirabilia Dei.

Dieses Überraschungsmoment genügt aber nicht zu einem Wunder; es liegt ja auch vor, wenn ein Medium parapsychische Ereignisse hervorbringt. Beim Wunder *offenbart sich Gott selber* als der Gegenwärtige. Er lässt uns durch etwas Unerhörtes neu erfahren, dass er in der Schöpfung wirklich gegenwärtig ist, und zwar für uns, als unser Gott des Bundes. Der gewohnte Verlauf lässt uns auch im wunderbarsten Geschehen wegen der Gewöhnung glauben, die Erde handle allein. Wir verlieren Gott aus dem Blick und aus dem Herzen. So kann dann jeder Mensch, durch eine freie Vorwahl des Herzens sich selbst verblendend, entgegen aller Wissenschaftlichkeit behaupten, alles sei ohne Gott erklärbar oder Gott sei nicht erkennbar. Darum sind wir so erstaunt und wir zweifeln, wenn er uns durch ein Wunder sein wirkendes Dasein kundtut. Gott sucht die Begegnung mit dem ihm immer ausweichenden Menschen; er will sich ihm stellen, ihm in den Weg treten; denn er sucht die Lebensgemeinschaft mit ihm und wirbt wie ein Liebender. Mitten im Schoss der Schöpfung, wo er schon immer zu finden ist, will er sich zu erkennen geben und die Aufmerksamkeit des ihm ausweichenden Menschen auf sich ziehen.

Die Wunder geschehen aber nicht willkürlich. Alexander von Hales schreibt, sie geschehen zur Offenbarung einer *kraftvollen Weis-*

heit (Sent. II, Qu. 42). Jedes Wunder ist in den gesamten Weltenplan und in die Heilsgeschichte eingewoben und hat immer eine *Beziehung zum Gottesvolk.* Gott wirkt die Wunder, um dieses Volk zu *seinem Volk zu machen und dessen Heil zu vollenden.*

Darum sind die im Alten Testament berichteten Wundertaten Gottes keine blossen Beduinengeschichten oder gemäss einer damaligen Auffassung für Wunder gehaltene Naturereignisse, sondern es sind wahre geschichtswirkende und das Gottesvolk bildende, machtvolle Taten Gottes. Niemand hat bei den Plagen Ägyptens untersucht, ob sie den Naturgesetzen entsprächen oder nicht. Aber Israel sowohl als auch Pharao haben gewusst, dass hier EHEYEH, der «ICH BIN» gehandelt hat. Sie haben es gewusst, so wie nur der Liebende weiss, wer ihn küsst und nur der Gezüchtigte, wer in schlägt, obwohl das Physiologische des Kusses und die physikalischen Gesetze des Schlages auch ohne dieses Erkennen erklärbar sind. Das Erlebnis aber ist niemandem beweisbar, sondern nur dem Glaubenden mitteilbar.

Nur Israel, *sein Volk,* weiss es aus innerem Glaubenserlebnis, was hier eigentlich geschieht; nur sein Volk weiss, dass Yahwe Wunder tut, um sein Volk aus Ägypten zu befreien, es durch das Rote Meer zu führen und ihm das angelobte Land zum Erbe zu geben. Aber auch Pharao hat gewusst, dass er in diesen Wundertaten einer unheimlichen, göttlichen Macht begegnet, die ihm ganz persönlich Widerstand leistet und ihn schliesslich besiegt.

Dieses Wissen, dass «Yahwe es ist», macht Israel zum Gottesvolk. Alles Murren und Zweifeln ist kein Zweifeln an der Möglichkeit des Wunders, sondern ein Zweifeln, ob YAHWE wirklich der Gott des Bundes ist, der seinem Volk die Treue hält; «obwohl sie meine Taten sahen» (Ps 95, 9). Der Unglaube Israels besteht in der Verweigerung, die Gottes-Erfahrung, die der Bundesgott vom Sinai ihm in den Wundertaten anbietet, anzunehmen und mit der eigenen Bundestreue zu beantworten. Sie rufen deshalb, wie später die Pharisäer und die Ungläubigen aller Zeiten, nach immer neuen Zeichen, um die eigene Antwort hinausschieben zu können.

Das Glaubenserlebnis aber, ob mit seiner Annahme oder mit seiner Verweigerung, ist so wahr und mächtig, dass es die ganze Geschichte des Gottesvolkes, die Predigt der Propheten und die Lieder

Sions formte. Und durch diese ganze Geschichte Israels geht der eine grosse Vorwurf Gottes an sein Volk, dass Israel ihn nicht erkenne.

Darum sind auch alle im Neuen Testament berichteten Wunder wahre *Gottestaten,* die sich geschichtlich ereignet haben und *nicht* Erlebnis-Einkleidungen, Interpretationen einer «nachösterlichen Theologie» seiner Jünger. Jesus hat alle berichteten Wunder wahrhaftig getan als der in der Geschichte handelnde Gott, der seine Herrlichkeit offenbart (vgl. Joh 2, 11) und seine Heilstat vollbringt. Mit aller Geschichtsforschung erreicht man höchstens jene äusserlich sich ereignende Komponente, welche die Zeitgenossen Jesu noch viel klarer gesehen und doch nicht geglaubt haben. Von diesen sagt Jesus, dass «sie sehend sehen und doch nicht schauen, hörend hören und doch nicht verstehen» (Mk 4, 12).

In wem dieses Sehen- und Hörenkönnen, in wem diese Glaubensschau erlischt, durch welche allein die Wundertaten Gottes zum Aufbau seines Volkes sichtbar werden und die sich von jedem ähnlichen und vergleichbaren Geschichtserlebnis abheben, dem bleibt der Zugang zur ganzen Heilsgeschichte verschlossen. Es gibt dann keine einmaligen, hier und so von Gott gewirkten Taten mehr, sondern nur in allen Völkern vorkommende, vergleichbare und auswechselbare Ereignisse und Entwicklungen, die jedes Volk und jede Zeit dem geistigen Entwicklungszustande gemäss interpretiert. Dann wird auch Jesus, der gesalbte und gesandte Sohn Gottes, die menschgewordene zweite Person der Heiligsten Dreifaltigkeit, zu einem religiös interpretierten Geschichtsereignis unter allen andern. Denn auch in Jesus und in seiner Kirche ist das göttliche und messianische Leben und Wirken verborgen und verhüllt im Spiel der Schöpfungskräfte der menschlichen Geschichte. *Das Wort ist Fleisch geworden.* Hier liegt das Kennzeichen des vom Heiligen Geist gewirkten Glaubens: Den im Fleisch gekommenen Gottessohn als im Fleisch gekommen zu erkennen: «Jeder Geist, der sich zu Jesus als dem im Fleische Gekommenen bekennt, ist aus Gott — und kein Geist, der nicht Jesus bekennt, ist aus Gott: Es ist der Geist des Antichrist» (1 Joh 4, 2-3).

Aus all dem Gesagten möchte ich versuchen, eine vorläufige, mehr beschreibende *Definition des Wunders* zu geben: Das Wunder ist ein Zusammenwirken des schöpferischen Handelns Gottes mit der

Gehorsams- und Werdefähigkeit des Geschöpfes, wodurch erstaunliche und nicht erklärbare Ereignisse geschehen, die Gott in einer kraftvollen Weisheit zum Heil seines Volkes wirkt und die vom Glaubenden als Handeln Gottes erkannt werden.

Wer noch mehr über Wunder erfahren möchte, lese das Buch «Wunder» von Georg Siegmund, in welchem er u.a. vier wissenschaftlich anerkannte Wunder aus neuer Zeit dokumentiert; Prof. Siegmund steht seit Jahrzehnten mit dem Internationalen Ärzte-Büro in Lourdes in Verbindung und hat auch an Prozessen zur Anerkennung von Heilungen als Wunder mitgewirkt.

Wir können unterscheiden:

a) *Wunder dem Wesen nach,* bei denen das schöpferische Handeln Gottes verborgene Kräfte des Geschöpfes aufruft und zugleich neue Kräfte hineinschafft, so dass neues geschöpfliches Sein und Wirken hervorgeht. Solche Wunder dem Wesen nach sind z.B. die plötzliche Heilung einer Wunde, das plötzliche Ganzwerden eines Krüppels, Brotvermehrung, Wandlung des Wassers in Wein. Im Grunde gehört auch die Höherentwicklung der Lebewesen (Evolution) hierher, da auch sie vom Geschöpf mit seinen vorhandenen Kräften allein nicht vollzogen werden kann, sondern eine Gottestat ist. Sie unterscheidet sich vom Wunder nur insoweit, als ihr Geschehen in einer vom Menschen nicht als Zeuge feststellbaren Vergangenheit liegt. Was aber durch diese vergangene Gottestat wurde, das ist unsere wunderbare Erde, in der sich Gott in einer unermesslichen Fülle liebender Allmacht offenbart, und in der die Wunder-Ereignisse nur Werberufe Gottes sind.
b) *Wunder der Art nach.* Hier erschafft Gott keine neuen Kräfte, wirkt aber so auf die Geschöpfe ein, dass sie sich auf eine Weise verhalten und wirken, wie sie es sonst hier und jetzt nicht täten. Hierher gehört z.B. der reiche Fischfang.
c) Es gibt auch noch Ereignisse, die wir nicht Wunder im eigentlichen Sinne, sondern *Gebetserhörungen* nennen, weil sie auf vertrauensvolles Gebet hin geschehen, aber an sich nicht ungewohnt und unerklärbar sind und deshalb von einem Aussenstehenden

als Zufall angesehen werden können. Für den Betenden selber aber ist der Zusammenhang des Ereignisses mit dem Gebet im Glauben erkennbar, und so wird er mit Dank und Vertrauen erfüllt.

d) Vom Wunder unterschieden ist die *totale Neuschöpfung* ohne jede Mitwirkung des Geschöpfes. Diese gibt es nur «im Anfang». Hier wirkt Gott ganz allein. Dieser Anfang ist als in actu geschehend vom Geschöpf absolut nicht erfassbar, denn wer ihn erfassen will, ist schon diesseits des Anfanges. Man müsste ja vor dem Anfang sein, um diesen zu erfassen, und das ist ein Widerspruch. Ausserhalb des Anfanges ist das Nichts, und vom Nichts her ist nichts zu erfassen. Diesen nicht erfassbaren Anfang zu haben und sich selber deshalb immer nur als schon begonnen habend zu erfassen, ist das Wesen des Geschöpfseins zum Unterschied von Gott, der nicht geworden ist, sondern *ist*. Hier liegt die Grundfrage an jedes Geschöpf: Bist du bereit, in deinem Herzen mit dankbarer, liebender Anbetung anzuerkennen, dass Gott der Allmächtige, der Schöpfer des Himmels und der Erde, dein Vater ist, der dich als unaussprechliches Geschenk dir selber gab und dich zu seiner ewigen Dreifaltigen Festfeier beruft; oder willst du es in Wahn-Sinn ertrotzen, aus dir selbst zu sein, und in dunkelster Einsamkeit versinken?

Naturordnung als Quelle der Gotteserkenntnis

Neubegründung des teleologischen Gottesbeweises

von Georg Siegmund — Mit einem Vorwort von Max Thürkauf
Vierte Auflage, 448 Seiten, Christiana-Verlag, ca. DM 50.—, Fr. 44.—

«Der teleologische Gottesbeweis ist mit Recht als ein Zentralanliegen der christlichen Tradition zu bezeichnen. Siegmund geht nun nicht etwa bloss den Weg der Tradition, nein, er tritt mit dem ganzen Rüstzeug eines historisch geschulten Denkers, aber mit nicht minderer Vertrautheit mit den Problemen der modernen Naturwissenschaft, insbesondere der Biologie und der Medizin, an die Frage der Zielstrebigkeit in der Welt heran. Der Verfasser ist einer der umfassendsten Gelehrten der Gegenwart. Als experimenteller Biologe ist er in der Lage, die Fülle der biologischen Fragen nicht bloss verstehend darzustellen, sondern vor allem kritisch zu prüfen.»

Würzburg: Deutsche Tagespost

Der Jahrhundert-Irrtum — Würdigung und Kritik des Darwinismus

von Joachim Illies mit einem Vorwort von Max Thürkauf
Umschau-Verlag, Frankfurt am Main, 200 Seiten, 29 Abbildungen, DM 28.—/Fr. 25.—

In diesem Buch wird das eigentliche Anliegen des Biologen und Philosophen Illies deutlich: die Verteidigung des Menschenbildes als Ebenbild Gottes gegen die Entmenschlichung durch den naturwissenschaftlichen Materialismus. Wie in allen philosophischen Werken von Joachim Illies führt auch in diesem seinem letzten Buch die Substanz seiner wissenschaftlichen und philosophischen Betrachtungen über die Wissenschaft und Philosophie hinaus in den Bereich religiöser Dimensionen.

P. EUGEN MEDERLET OFM

Die Hochzeit des Lammes

Franziskus und die bräutliche Kirche

188 Seiten, Paperback, farbiger Umschlag, DM 17.—, Fr. 15.—

In diesem Buch dringen wir im Hören auf den heiligen Franziskus noch tiefer in den inwendigen Sinn der Geschichte ein. Sie enthält ein bräutliches Geheimnis, das aus dem geöffneten Herzen Christi hervorgeht. Den ganzen Kosmos in diese Vermählung einzubeziehen, ist der Sinn der Erdgeschichte. Ein unerhört tiefes und kühnes Buch, «das einem oft wie inspiriert vorkommt», geschrieben von einem Meister franziskanischer Spiritualität. Ida Friederike Görres schrieb: «Ihr Buch begeistert mich und erst recht Ihre franziskanische Kosmologie. Ich möchte Ihnen sagen, wie sehr mich ihr wirklich franziskanisches Denken, Ihre franziskanische Theologie freut.»